NIKKEI BP CLASSICS

CAPITALISM AND FREEDOM

資本主義と自由

MILTON FRIEDMAN

ミルトン・フリードマン

TRANSLATOR

AKIKO MURAI

村井章子［訳］

日経BP社

CAPITALISM AND FREEDOM

40th Anniversary
Edition With a New Preface
by Milton Friedman.

✦

Japanese Translation Rights arranged with
The University of Chicago Press through
The Asano Agency, Inc. in Tokyo.

ミルトン・フリードマン

Photo: George Rose / Getty Images / AFLO

ジャネット、デービッド、
そして同時代の若者たちへ
君たちは自由のたいまつを
引き継がなければならない

目次

二〇〇二年版まえがき

一九八二年版のまえがきでは、一九六二年に出版された本書の初版と一九八〇年に出版された妻との共著『選択の自由』がどちらもまったく同じ思想に貫かれているにもかかわらず、評価が甚だしく違ったことに触れ、思想の潮流は大きく変わったと述べた。この変化が起きたのは、初期の福祉国家論やケインズ主義の影響を受けて政府事業が爆発的に拡大した時期である。と言うよりも、政府の肥大化を目の当たりにして世論の風向きが変わったのだった。本書は妻の助力を得て一連の講義をまとめたものだが、その講義を行った一九五六年には、連邦・州・地方をひっくるめた米政府の支出は国民所得の二六％を占めていた。支出の大半は国防費で、それ以外の費用は全体のわずか一二%である。しかし改訂版が出版された二五年後の一九八二年には、政府支出は国民所得の三九%に達し、国防以外の占める割合は倍以上の三一%となっている。

世論動向が変わったことははっきりした形で表れ、イギリスではマーガレット・サッチャーが、アメリカではロナルド・レーガンが選挙で勝利を収めた。どちらの指導者も政府という肥大化する怪獣に立ち向かう術を知っていたが、しかし首を切り落とすことはできなかった。アメリカの政府支出は、一九八二年には国民所得の三九%だったのが、二〇〇〇年には三六%とわずかながら減ってはいる。だがそのほとんどは国防費の切り詰めによるもので、それ以外の支出は、八二年は三一%、二〇〇〇年は三〇%とほぼ同水準で推移した。

一九八九年にベルリンの壁が倒され、九二年にはソ連が崩壊したことも、変化を一層加速させた。トップダウンとボトムアップ。計画経済と市場経済。端的に言えば社会主義と資本主義――七〇年におよぶ二種類の経済運営の実験は、劇的な幕切れを迎えたのである。壮大な実験の終末は、たとえば香港と台湾対中国本土、西ドイツ対東ドイツ、韓国対北朝鮮など、世界各地の小規模な実験で予告されてはいた。だが、あの劇的なベルリンの壁とソ連の崩壊を経験してはじめて、「計画経済はまさにハイエクの『隷従への道』になる」ことを世界は認識したのである。そしてこの認識は、いまではすっかり定着している。

アメリカとイギリスで起きたことは、先進国のすべてに当てはまる。戦後の二、三〇年間に社会主義は爆発的に勢力を拡大し、その後は下火になった。そして社会主義に染まった国はいまでは例外なく、市場の役割を大きく、政府の役割を小さくする方向に向かっている。今日このような状況を迎えるにいたったのは、世論が変わってから体制が変わるまでには長いタイムラグがあるからだろう。第二次世界大戦後に急速に社会主義が拡大したのは、すでに戦前にそれを指向する風潮があったからだ。戦後二、三〇年のちにその勢いが衰え停滞したのは、戦後すぐに思想が転換期を迎えたからである。今後社会主義が衰退するとすれば、それは、ソ連の崩壊によって世論の変化がしっかり定着したことが反映されるからだろう。

こうした流れは、かつての開発途上国で一層顕著にみられる。世界に残った最大の共産主義国家である中国も、例外ではない。一九七〇年代末に鄧小平主席が主導した市場改革は、本質的には農業の民営化だと言える。この改革で生産量は飛躍的に増大し、共産主義社会に市場の要素がより多く持ち込まれる結果となった。限定的ながらも経済的自由が拡大すると、この国の表情はずいぶんと変わる。この事実は、市場の力を信じる私たちの考えが誤りでなかったことをはっきり裏付けてくれたのだった。なるほど中国は、自由な社会とはまだとても言えない。だが、中国の国民が毛沢東時代よりもはるかに自由で豊かになったことに、疑いの余地はない。そしていまや同国には、政治的自由が芽生えてきた兆候もわずかながら見受けられる。たとえば首長を選挙で選ぶ村落が増えてきた。まだ道のりは遠いにしても、中国は正しい方向に向かっている。

終戦直後には、いわゆる第三世界の開発には中央集権的な計画と外国からの援助が必要だというのが常識だった。しかしピーター・バウワーらが鋭く指摘したとおり、この公式を採り入れた国はどこも失敗している。そして市場型経済を導入した香港、シンガポール、台湾、韓国──「アジアの昇竜」と呼ばれる国々のめざましい成功は、開発の正しい公式を世界に誇示したと言えよう。いまやアジアの他の国や中南米、さらにはアフリカの一部の国でも、市場経済に小さな政府を組み合わせたアプローチが採用されている。かつてはソ連の衛星国だった国々でも事情は同じだ。どの国でも、まさしく本書のテーマ通りに、経済的自由の拡大と歩調をそろえて政治的自由、市民の自由は拡大し、生活は豊かになっている。競争資本主義と自由とは切っても切り離せない関係にあると言えよう。

さて初版の出版から四〇年後に、このようにあらためて自著を振り返り所感を述べられるとは、まことに希有なことである。この喜ばしい機会を利用して一言書き添えたい。本書が時の試練に耐えられたこと、今日の問題に対しても一つの答となり得ることを心からうれしく思う。この本に一つ大きな変更を加えられるなら、経済と政治の二つの自由を、経済・市民・政治の自由という三つの自由にあらためたい。本書を書き終えてから、返還前の香港が私に一つの教訓を与えてくれた──経済的自由は政治的自由と市民の自由を実現する必要条件だが、政治的自由は、もちろん大いに望ましくはあるけれども、経済的自由や市民の自由の必要条件ではないことである。政治的自由は、状況によっては経済や市民の自由を促すが、状況によっては阻むこともある。このように考えると、本書では政治的自由が果たす役割の扱いが不十分だったように思う。

ミルトン・フリードマン

カリフォルニア州スタンフォードにて

一九八二年版まえがき

この本は妻の助けを借りて一連の講義をまとめたものだが、その講義を行ったのは、いまから四半世紀ほども前のことである。いま生きている人の半分以上は、当時は生まれていなかったか、一〇歳にも満たない子供だった。その人たちにとってはもちろん、当時現役だった人にとってさえ、あの頃主流だった思想を思い起こすのは、いまとなってはむずかしいにちがいない。大きな政府を標榜する福祉国家論やケインズ主義の勝利は、自由と繁栄を脅かすのではないか――そう危惧していた私たちは孤立した少数派で、学者仲間の大半から異端視されていた。

講義から七年後に本書の初版が出版されたときも、私たちの考えは主流から大きく外れており、主な全国紙や雑誌にはまったく取り上げられなかった。ニューヨーク・タイムズ紙しかり、ヘラルド・トリビューン紙（当時はまだニューヨークで発行されていた）、シカゴ・トリビューン紙しかり。タイム誌にもニューズウィーク誌にも、サタデー・レビュー誌にすら相手にされなかった。書評欄に取り上げてくれたのは、イギリスのエコノミスト誌と、あとは主立った専門誌だけである。いやしくもアメリカで多少は名の知れた大学の教授が専門書としてではなく一般向けに書き、やがては一八年間で四〇万部売れた本に対する扱いが、これだった。同じような立場の経済学者であっても、福祉国家や社会主義や共産主義に与する学者が書いたとしたら、このような冷遇を受けたはずはあるまい。

だが過去四半世紀の間に、世の中の考え方は変わった。そのことを如実に示すのが、一九八〇年に出版された妻と私の共著『選択の自由』に対する評価である。この本は『資本主義と自由』と基本的な思想を同じくしており、言わば弟分のような著作である。にもかかわらず、こちらはあらゆる主要新聞・雑誌に取り上げられ、繰り返し特集の対象になり、書評にもたくさんの紙面が割かれた。ブック・ダイジェスト誌には抜粋が掲載されたうえ、表紙まで飾っている。『選択の自由』は発行初年度にアメリカでハードカバーが四〇万部売れ、一二カ国語に翻訳された。そして、一九八一年初めには廉価版のペーパーバックが発売されている。

二冊の本に対するこの雲泥の差の扱いが、クオリティの違いから来ているとは思わない。『資本主義と自由』の方が理論的抽象的であり、基本のところを論じている。一方『選択の自由』は、同書の序文でも述べたとおり「理論的な枠組みにはさほど立ち入らないが、より詳細で具体的」な著作であり、『資本主義と自由』を補うことはできても、代わりにはならない。反響にあれほど差が出たのは、テレビの威力が大きかったように見えるかもしれない。じつは『選択の自由』は、テレビ番組用に準備した原稿が土台になっている。公共放送のPBSから同名の番組がシリーズで放映され評判になったおかげで、本が注目されたのはまちがいない。

だがこの説明は本質を突いていない。テレビ番組が制作され話題になったこと自体が、思想的潮流が変化した証と言えるからだ。一九六〇年代であれば、あのようなテレビ番組をシリーズで放映する申し出など来るはずもなかった。それに番組をつくったところで、まずスポンサーがみつからなかっただろう。また放送されたとしても、理解し共感してくれる視聴者が果たして何人いただろうか。世の中の考え方が変わったからこそ、『選択の自由』があのように受け入れられ、テレビ番組が成功したのである。二冊の本で論じた私たちの思想は、いまなお主流とは言い難い。とは言え学界では、すくなくとも認知だけはされている。そして広く一般では、とくに奇抜な考えとはみなされなくなった。

このような変化が起きたのは、本書が原因でもなければ、思想的系譜を同じくする他の著作、たとえばハイエクの『隷従への道』や『自由の条件』などの影響でもない。なぜそう断言できるのか、一つエピソードを紹介しよう。一九七八年にコメンタリー誌から、「資本主義、社会主義、民主主義」をテーマとするシンポジウムに向けて何か書くよう依頼された。そこで私は『資本主義と自由』からかなり長い一節を、またアダム・スミスからも少し引用し、最後を「自由主義の世界へようこそ」と締めくくった原稿を書き上げたものである。その中に、こんな一文がある。「資本主義と民主主義は分かち難く結びついているのではないか——かつてこの考えを誤りだと断じ、あまつさえ政治的に危険だとみなした多くの知識人が、いまでは一定の理解を示すようになった」*。この文章が掲載されたのは『資本主義と自由』が出版されてからすでに一六年が過ぎた一九七八年だったが、同書の主張におおむね賛同していると言ってよさそうな人は、じつは二五人の寄稿者のうち九人だけだった。

風向きを変えたのは、理論や主義主張ではなく、事実の重みである。かつては知識階級の希望の星だったロシアと中国は、明らかにうまくいっていない。フェビアン社会主義と呼ばれるイギリスの社会改良主義はアメリカの知識層に強い影響をおよぼしたが、いまや国自体が停滞している。国内に目を転じても、つねに大きな政府贔屓で民主党支持派が大多数だった知識層の元気がない。彼らはベトナム戦争に、とりわけケネディ大統領とジョンソン大統領が演じた役割に幻滅した。壮大な改革プログラムの多く、たとえば社会福祉、公営住宅、労働組合への支援、学校の統合、連邦政府による教育補助金、差別是正措置といったかつてのめぼしい計画は、灰燼に帰そうとしている。インフレと高い税率に苦しめられる点では、知識層も一般国民と変わらないのだ。説得力があったのは、学術書の類に滔々と述べられた主義主張ではなくて、一連の事実だった。こうして潮目は変わり、基本的に同じ政策、同じメッセージを発信した二人の大統領候補が、一九六四年には完敗し、八〇年には圧勝することになる。六四年の敗者はバリー・ゴールドウォーター、八〇年の勝者はロナルド・レーガンだった。

となると書物には、たとえば本書には、どんな役割があるのだろうか。私の考えでは、二つの役割がある。第一は、検討材料を提供することである。『選択の自由』の序文にも書いたように、「自分をほんとうに説得できるのは自分だけである。暇をみつけては問題点をじっくり検討し、いろいろな意見を考慮に入れ、煮詰めていくことが必要だ。漠然と選んだ考えを確信に昇華させるには、そうして長い時間をかけなければならない」。

＊ *Commentary*, April 1978, pp.29-71.

第二は、改革が必要になるときに備えて、新しい考え、新しい選択肢を用意しておくことである。組織や制度というものは、とくに政府がそうだが、民間であっても、現状維持の呪縛がきわめて強い。実際に危機に襲われるか、あるいは差し迫った危機の恐れでもない限り、ほんとうの変革は起こらない。そしていざ危機が発生すると、誰でも手近にある意見や理論を頼りに行動しようとする。私たち学者の基本的な役割は、ここだ。現行政策に代わる政策を用意しておく。ウォーミングアップを整え、いつでも選手交代に応じられるようにしておく——政治的に不可能だったことが不可避になる日のために。

これがどんなことかイメージしていただくために、私の個人的な体験をお話ししよう。一九六〇年代後半だったか、ウィスコンシン大学で学生を前にしてレオン・カイザーリングとディベートをしたときのことだ。カイザーリングは時代遅れの共産主義者で、私の思想はどうしようもなく保守的だと笑い者にすれば痛快な一撃を食らわせられると考えたらしい。そして、本書の第二章から「これまでに述べた原則に照らすと政府がやる理由はないと思われるもの」のリストを読み上げるという作戦に出る。途中までこの作戦は当たり、農産物の価格維持制度や関税に対する私の批判をいちいち槍玉に挙げては学生たちに受けていた。が、一一番目の「平時の徴兵制」で形勢は逆転する。私の徴兵制反対論は聴衆の拍手喝采を浴び、孤立無援になったカイザーリングは降参せざるを得なかった。

ちなみに徴兵制は、正当化できない政府事業として挙げた一四項目のうち、これまでに撤廃された唯一のものである。だがこの勝利で終わりということはない。他の項目の多くについては、私たちは本書に掲げた自由の原則からまだ遠く離れたところにしか達していない。だからこそ世論の方向性は変わってきたのだが、まただからこそ、実際の成果はまだほとんど上がっていないのである。この事実は、本書の中の一部の例やこまかい点に時代遅れになった箇所があるにしても、一九六二年に書かれたこの本の基本的な主張が一九八一年にもなお通じることを雄弁に物語っている。

まえがき

この本は、私の一連の講義をまとめたものである。講義をしたのは一九五六年六月のことだから、ずいぶんと遅れて生まれた本と言えようか。一連の講義は、ジョン・V・シックルとベンジャミン・ロゲが主宰しウォバシュ大学で開催されたボルカー財団後援の研究会議にて行った。その後も、アーサー・ケンプが主催したクレアモント大学、クラレンス・フィルブルックのノースカロライナ大学、リチャード・レフトウィッチのオクラホマ州立大学で開催された同財団後援の研究会議で同じ趣旨の講義をしている。どの場合にも、基本的なことを述べた本書の最初の二章の内容をまず話し、そののちに、取り上げた個々の問題にこの基本を当てはめていった。

会議の主催者の方々には、講師として招いてくださり、批評し論評を加え、さらに、講義内容をとりあえずまとめておくよう勧めてくださったことに心から感謝申し上げる。また、会議の手配万端を引き受けてくださったボルカー財団のリチャード・コーニュエル、ケネス・テンプルトン、アイヴァン・ビエリーにもお礼申し上げる。会議参加者の方々への感謝も忘れるわけにはいかない。参加者は飽くなき知的好奇心を示し、鋭い指摘、深い考察が相次いだ。おかげで私は多くの点を練り直し、誤りを修正することができた。一連の会議は、人生で最も知的刺激に満ちた体験の一つだったと思う。言うまでもなく、本書に書かれたことすべてに賛成だという人は、主催者にも参加者の中にも一人もいないにちがいない。だが本書が生まれたのは主催者、参加者の方々のおかげだと言っても、不快には思われまいと信じている。

本書に記した思想は、幹も枝葉も、たくさんの恩師、同僚、友人がいなければ生まれなかった。とりわけ、シカゴ大学で幸運にも薫陶を受け、あるいは切磋琢磨することができたフランク・H・ナイト、ヘンリー・C・サイモンズ、ロイド・W・ミンツ、アーロン・ディレクター、フリードリヒ・A・ハイエク、ジョージ・J・スティグラーに多くを負っている。本書にはその知恵や洞察が随所に示されているけれども、それについて一つひとつ謝意を表さなかったことをお許しいただきたい。学んだことはあまりに多く、私の考えの一部になりきってしまったため、脚注として注記すべきものを選別できなかった次第である。

教えを受けた人、お世話になった人はほかにも大勢いるが、うっかりお名前を書き漏らして失礼に当たることがないよう、ここでは列挙するのを差し控えたいと思う。ただ、自分の子供たちに一言言及するのはお許し願いたい。何事も自分の頭で理解しなければ受け入れないジャネットとデービッドのおかげで、私は専門的な事柄も簡単な言葉で書き直すことを迫られた。その結果、私の理解は深まり、文章もいくらかわかりやすくなったと信じたい。とは言え子供たちは本書の改善に貢献しただけであって、私と意見を同じくしているわけではないことをお断りしておく。

本書を執筆するにあたっては、すでに発表した論文から自由に引用した。第一章は、フェリックス・モーリー監修の論文集『個人主義を論じる』(ペンシルベニア大学出版局、一九五八年)にこの章と同じ表題で発表した論文と、やや違う形ながらやはり同じ表題でザ・ニュー・インディヴィデュアリスト・レビュー誌第一巻第一号(一九六一年四月)に発表した論文に手を入れたものである。また第六章は、ロバート・A・ソロー監修の論文集『経済と公共の利益』(ラトガース大学出版局、一九五五年)にこの章と同じ表題で発表したものに手を入れた。他の章にも、自分の論文および著作から引用した箇所が少なからずある。

学者が書く本の序文では、「妻がいなければこの本は生まれなかった」と記すのがしきたりであるらしい。しかし本書に限っては、この言葉は文字通りの真実である。あちこちで行った講義の断片をつなぎ合わせ、表現や説明の違いを統一し、話し言葉を正しい書き言葉に改め、全体の進行役として本書を完成させてくれたのは、妻ローズである。表題ページに書き添えた言葉だけでは到底感謝し足りない。

最後になったが、ミュリエル・A・ポーターにはすっかりお世話になった。いざというとき頼りになる有能な秘書で、初期の草稿や手書き原稿の大半を清書してくれた。ほんとうにありがとう。

序章

「国が諸君のために何をなし得るかを問い給うな。諸君が国のために何をなし得るかを問い給え」――ケネディ大統領の就任演説であまりにも有名なこの一節は、ひんぱんに引用される。しかし出典が詮索されることはあっても、内容が論争の対象になることはなかった。ここには時代の風潮がよく表れていると言えよう。実際にはこの一節の前半に示された国と国民の関係も、後半に示された関係も、自由社会における自由人の理想にはほど遠い。まず前半の「国が諸君のために」何かをしてあげるという温情あふれる言葉は、政府が保護し国民が保護される関係を連想させる。このような関係は、自分のことは自分で責任をとるという自由人の考え方と相容れない。次に後半の「諸君が国のために」何かをするという部分では国家が一つの生命体と見立てられており、政府が主《あるじ》で国民が僕《しもべ》という関係を連想させる。だが自由人にとって国は個人の集合体に過ぎず、それ以上でもそれ以下でもない。受け継がれてきた国の文化を誇りに思いもするし、伝統を守ろうともする。だが、自由人にとって政府とは一つの道具や手段にほかならず、何か施しをしてくれるやさしい庇護者でもなければ、敬い仕えねばならない主人でもない。また国家の目標も、一人ひとりの目標の集合体としてしか認めない。

自由人は、国が自分に何をしてくれるかを問わない。自分が国に何をできるかも考えない。その代わり、自分の責任を果たすため、自分の目標を達成するため、そして何よりも自分の自由を守るために、「自分は、あるいは仲間は、政府という手段を使って何ができるか」を考える。また、自由を守るためにつくったはずの政府が「自由を破壊する怪物と化すのを防ぐにはどうしたらいいか」ということも考える。自由は、傷つきやすい高貴な花のようなものだ。誰もが知っているように、権力の集中は自由を脅かす。歴史もそれを証明している。政府は個人の自由を守るために必要な道具であり、また政府があればこそ個人は自由を行使できるが、それでもなお、権力が政府に集中すれば自由にとって脅威になりかねない。権力を握った者がはじめはよき意図を持っていたとしても、また権力に伴う腐敗を免れたとしても、権力はよからぬ意図を生みやすく、また磁石のように、悪しき意図を持つ輩を吸い寄せる。

政府が自由を脅かすのを防ぎつつ、政府という有力な道具から望ましい成果を引き出すにはどうしたらよいだろうか。アメリカの憲法にはそのための二つの基本原則が組み込まれており、これが今日まで国民の自由を守ってきた――とは言え、ぜひとも守るべきこの二つの原則は、たびたび破られている。

第一の原則は、政府の役割に制限を設けなければいけないということである。政府の仕事は、個人の自由を国外の敵や同国民による侵害から守ることに限るべきだ。そのために法と秩序を維持し、個人の契約が確実に履行される環境を整え、競争市場を育成する。このほか、個人でやるのはむずかしく資金がかかりすぎる事業に政府が力を貸すことは、あってもいいだろう。ただ、政府をこのように利用するのはつねに危険を伴う。政府は大いに利用すべきだし、どのみち全然利用せずに済ますことはできない。しかし、メリットの方が明らかに大きいことを確かめてからにすべきである。経済でも、それ以外の分野でも、個人の自由発的な協力や民間の企業活動が主役であれば、民間部門が政府部門の権力ににらみを利かせることができる。そうすれば、言論、宗教、思想の自由も効果的に守ることができるはずだ。

第二の原則は、政府の権力は分散されなければならないことである。政府が権力を行使せざるを得ないときは、国よりも州、州よりも郡や市で行使することが望ましい。自分の住む町のやり方が気にくわないとき、それが下水処理にせよ、区画整理にせよ、学校制度にせよ、さっさと別の町に引っ越せばよい。そこまでする人はめったにいないとしても、その可能性があるというだけで、権力濫用を抑止する効果がある。州のやり方が気に入らないときも、別の州に移る手がある。だが国となると、敵対的な国が多い現状では、おいそれと出て行くわけにはいかない。

このように、政府が出す命令は避けるのがむずかしい。まさにこのことが、いわゆる「大きな政府」の支持者にとって中央集権の利点となっている。中央集権論者の考えでは、たとえば富裕層から貧困層へ、私的な目的から公共の目的への所得の移転は公共の利益に適う。そして権力が一極に集中していれば、それらを効率よく制度化できるという。ある意味では、たしかにその通りだ。しかし、物事には二つの面があることを忘れてはならない。よいことをする権力は、悪いことをする権力にもなり得る。また、いま権力を握っているのが善人でも、明日は悪人に取って代わられるかもしれない。それに、ある人がよいと思うことも他の人がそう思うとは限らない点も忘れてはならない。政府事業の拡大も、中央集権化も、推進する人の多くは善意の人であり、失敗すれば誰よりも後悔する。これはじつにもって悲劇と言うほかない。

個人の自由を守るべきだと主張する理由は、一つにはいま述べたように政府の権力を制限し分散化するという予防上の理由からだが、もう一つ、建設的な理由もある。文明の偉大な進歩が権力を一手に握る政府の下で生まれたことは、未だかつてない。建築も絵画も、科学も文学も、工業も農業も、そうである。コロンブスは、専制君主からいくらか資金援助を受けはしたが、議会に命じられて新航路を探しに行ったわけではない。ニュートン、ライプニッツしかり、アインシュタインしかり、そしてボーア、シェークスピア、ミルトン、パステルナーク、ホイットニー、マコーミック、エジソン、フォード、ジェーン・アダムス、ナイチンゲール、シュバイツァー……。知の新しい地平を切り拓き、文学の新しい境地、技術の新たな可能性を開拓し、あるいは苦しむ人々を救ったこの偉人たちの中で、政府に命令されたという人は一人もいない。偉大な業績を生み出したのは個人の才能であり、大勢に逆らって貫き通された不屈の意志であり、そして個性や多様性に寛容な社会であった。

多種多様な個人の行動は、政府にはけっして真似できない。衣食住に画一的な基準を設けて国民の大多数の生活水準を引き上げることなら、いつでもできるだろう。教育、インフラ整備、保健衛生に画一的な基準を設けて多くの地域の改善を実現することも、可能だろう。国全体の平均を押し上げることも、不可能ではないかもしれない。だがそのうちいつの間にか、政府は進歩より現状維持を、多様性より可もなく不可もない均質性を選ぶようになるだろう。けれども多様性こそ、明日の底辺を今日の平均以上に押し上げる試みに欠かせない要素なのである。

本書で扱うのは、このようにずいぶんと大きな問題である。メインテーマは、競争資本主義の役割とする。競争資本主義とは、経済活動の大半が民間企業によって自由市場で行われるような仕組みを指す。このような自由競争による資本主義は、経済における自由を保障する制度であると同時に、政治における自由を実現する条件でもある。そしてサブテーマとして、自由を掲げ経済活動を主に市場に委ねる社会において政府が果たすべき役割を検討する。

本書のはじめの二章では、以上の問題を原則に則って理論的に扱う。第3章以降では、これらの原則を個々の具体的な問題に当てはめて論じる。

最初の二章では原則に則って論じると言うからには、さぞ精緻で隙のない論理が展開されるのだろうと読者は思われるかもしれないが、残念ながら、それにはほど遠い。そして原理の応用となれば隙だらけであることはおわかりいただけるだろう。新しい問題が毎日のように発生し、状況は日々変化する。したがって政府の役割を論じたとしても、それがいつまでも正しいことはあり得ない。今日の問題に応用した原則が未来永劫不変であれば結構なことだが、そうかどうかは折に触れて見直さなければならない。だが、そのおかげで原則の妥当性を繰り返し検討し、理解を深めることができる。

さて、本書で主張する政治・経済観を一括りにする呼称を決めておくと、何かと便利ではないかと思う。適切なのは「自由主義（liberalism）」である。ところがきわめて遺憾なことに、この言葉はアメリカでは、一九世紀の大陸欧州における意味とはかなり違ってしまっている。いや、今日の大陸欧州における意味とも大きく違う。これは、シュンペーターが言うように、「自由競争経済の反対論者は、心ならずもこの経済体制に最高の賛辞を捧げる行為をした。すなわち、自由という冠は自分たちにこそふさわしいと考えて横取りした」*からである。

一八世紀後半から一九世紀初めにかけて自由主義の名の下に展開された運動は、社会における自由を究極の目標に掲げ、社会の主体は個人であると主張した。経済に関しては、国内では自由放任《レッセフェール》を支持し、経済への国の関与を減らして個人の役割を拡大しようとした。国外では自由貿易を支持し、世界の国々を武力に依らず民主的に結びつけようとした。また政治に関しては、代議制と議会制度の確立、国家の裁量権の縮小、市民権の保護を訴えた。

* Joseph Schumpeter, *History of Economic Analysis* (New York: Oxford University Press, 1954), p. 394.

しかしアメリカでは、一九世紀末から、とくに一九三〇年以降、自由主義あるいはリベラルという言葉は、ずいぶん違った意味合いを帯びるようになった。とりわけ経済政策について、それが言える。自由よりも福祉や平等が重視されるようになり、めざす目標を達成するのに、民間の自主的な取り組みよりも国家に頼ろうとするようになった。一九世紀の自由主義者は、自由の拡大こそ福祉と平等を実現する効率的な手段だと考えたが、二〇世紀の自由主義者は、福祉と平等が自由の前提条件であり、自由に代わり得るとさえ考えている。そして福祉と平等の名の下に、国家の干渉と温情主義（paternalism）の復活を支持するようになった。しかしこれは、一九世紀の古典的自由主義者が敵視したものにほかならない。二〇世紀の自由主義者は、時計の針を一七世紀の重商主義の時代に戻そうとしている。にもかかわらず、真の自由主義者を反動的だと批判したがるのだ。

自由主義という言葉に付された意味の変質は、以上のように経済分野の方が顕著である。が、政治の分野でも、意味は変わってきている。たしかに二〇世紀の自由主義者も、一九世紀と同じく、議会制度、代議制、市民権などを支持する。だが一九世紀の自由主義者が疑心暗鬼で、自由を奪われまいと政府や一握りの人間への権力の集中を恐れ、政治権力の分散を強く支持したのに比べると、二〇世紀の自由主義者はだいぶ違う。建前上選挙民が支配する政府の手に権力が握られる限りにおいて、その善意による行使に任せ、信頼し、中央集権的な政府を支持している。そして、権力は誰が持つべきかが問題になったときは、市よりも州、州よりも国、国よりも国際機関が望ましいとする。

自由主義という言葉の意味がこのように変質した結果、かつては自由主義とされていた考え方が、いまでは保守主義と呼ばれている。このすり替えは許し難い。一九世紀の自由主義者は、急進主義者だったのだ。ものごとの根源を追求するという語義からしても、また社会の仕組みの大胆な変更を要求するという政治的意味合いからしても、急進的だった。後継者たる現代の自由主義者も、そうあるべきだ。国家の関与は、自由の拡大促進に与するものであればもちろん望ましいけれども、自由を大幅に妨げるものは許すべきではない。さらに、保守主義という言葉にも注意が必要である。この言葉はひどく広い意味で使われ、相容れない主義とも結びつけられるようになった。いずれ「自由主義的保守主義」だの「貴族主義的保守主義」といった形容矛盾がはびこるのは必定である。

自由を破壊しかねない制度の支持者たちに自由主義の名を引き渡すのは、断固好ましくない。それにまた、私の見解を示すのに自由主義よりふさわしい言葉は見当たらない。自由主義という言葉を巡る問題にここで片をつけるためにも、本書では自由主義をその本来の意味、すなわち自由人が掲げる主義としての意味で使うことにする。

資本主義と自由

第 1 章

経済的自由と政治的自由

Relation
nomic Freedom
Freedom

CHAPTER 1 The R
between Econ
and Political I

政治と経済は別のものであって、両者はほとんど関係がないと広く考えられている。この考え方に従えば、個人の自由は政治の問題であり、物質的幸福は経済の問題となる。また、どんな政治体制であっても、組み合わせる経済体制は自由に選べるという。こうした見方を今日端的に表しているのが、「民主主義的社会主義」なるものを多くの人が支持しているという事実である。この主義の支持者は、ロシアの「全体主義的社会主義」が個人の自由を制限しているとして頭から非難しながら、ロシアが現在の経済体制をほぼそのまま維持しつつ別の政治体制を導入して個人の自由を保障することは可能だと考えている。本章では、そうした考えが幻想に過ぎないこと、経済と政治には密接な関係があり、政治体制と経済体制の可能な組み合わせは限られていることを説く。とくにある社会が社会主義を奉じている場合、個人の自由の保障に関して民主的とはなり得ないことを論証する。

自由な社会をめざすうえで、経済は二つの役割を演じる。まず経済体制の自由は広義の自由の一構成要素であるから、経済上の自由それ自体が一つの目的となる。と同時に、経済的自由は政治的自由を実現するために欠かせない手段でもある。

第一の役割は、ここでとくに強調しておかねばならない。というのも、知識人を中心に、自由のこの面を軽視したがる強い偏見が見受けられるからだ。とかく知識人というものは、お金の絡むことを物質的とみなし、これを軽蔑しがちである。そして、自分たちが高尚と考える価値の追求は別格でありはるかに大事であって、そちらに注意を向けるべきだと主張したがる。だが知識人はどうあれ、ほとんどの市民にとってはそうではない。市民にとっては経済面で自由であるということの方が、政治的自由を実現する手段としての間接的な意義よりも、どうかすると重要なのだ。

たとえば英国民は、第二次世界大戦後、アメリカで休暇を過ごすことを許されなかった。為替管理のためである。一方、米国民は、ロシアで休暇を過ごすことを許されなかった。こちらはイデオロギー上の問題のためである。だがどちらも自由を制限された点で変わりはない。

表面的には英国民は経済上の理由から、米国民は政治上の理由から制限されたのだが、両者の間に本質的な違いはないと言える。

また、所得のたとえば一〇％を政府が運用する年金積立金に充てるよう法律で強制されている米国民は、その分の個人の自由を奪われていることになる。こうした剝奪を、宗教の自由を奪われたのと同じように不当と感じる人もいるのであって、宗教の自由と言えば、経済ではなく「人権」すなわち「政治」の問題であることは誰しも認めるだろう。ここではその代表例として、アーミッシュの農夫にまつわるエピソードを紹介しよう。アーミッシュの人々は、その宗教上の信念を理由に、国の強制的な年金制度は自分たちの自由を侵すものとみなした。そしてその分の税金を払うことを拒否し、年金はいらないと主張したのである。すると、国は家畜を差し押さえ競売に付して社会保障税を徴収した。なるほど、国の年金制度を自由の剝奪と考える人はあまりいないかもしれない。だが自由を重んじる立場からすれば、たとえ少数の自由といえども守らねばならない。

州法に縛られ、特定の職業には事前に免許を受けない限り就くことのできないアメリカ市民は、やはり基本的な自由を奪われている。自分の持っている物を何かと交換したい、たとえばスイス人の時計と交換したいのに、輸入割当制度のせいでそれができないとすれば、やはり自由を奪われている。メーカー設定価格より安く医薬品を販売し、いわゆる公正取引法に違反したかどで刑務所送りになったカリフォルニア州の市民。自分の好きなだけ小麦を作付けできない農民。みな同じである。経済的自由それ自体が自由というものの重要な一部をなすことは、はっきりしている。

次に、第二の役割に移ろう。政治面の自由を実現する手段として経済体制が重要な意味を持つのは、権力の集中と分散に影響をおよぼすからである。経済面の自由をただちに実現するような経済体制、すなわち競争資本主義は、政治面の自由をも促す。なぜなら経済の力を政治権力から切り離し、それでもって政治権力を抑制できるからだ。

歴史を振り返ると、政治的自由と自由市場の関係は一つしかないことがわかる。私の知る限りでは、いつの時代のどこの国でも、政治的自由が大幅に保障されながら、経済活動の大半を展開する場として自由市場に当たるものが用意されなかった例は、存在しない。

おおむね自由な社会で暮らしていると、政治的に自由だと言える時代や場所がいかに限られていたかをつい忘れやすい。だがじつは人類は、長きにわたり圧制、隷属、困窮の中で生きてきた。一九世紀から二〇世紀初めにかけての西欧は、歴史の大きな流れの中では顕著な例外と言える。このときに自由市場が登場し、また資本主義的な制度が発展し、それと共に政治的な自由が出現した。ギリシャの全盛期とローマ初期においても、そうだった。

とは言え歴史が教えてくれるのは、政治的自由が資本主義の下で実現したということだけである。資本主義だから必ず政治が自由だとは言えない。ファシズム下のイタリア、スペイン。過去七〇年間のドイツ。第一次・第二次世界大戦前の日本。第一次世界大戦前数十年間の帝政ロシア。どれも政治的に自由であったとは言い難い。にもかかわらずどの例でも、経済の主役は民間企業だった。このように、本質的に資本主義の性格を持つ経済体制と自由でない政治体制が共存することは、明らかに可能である。

いま挙げたような社会でさえ、市民が手にしていた自由は、経済と政治がともに全体主義体制をとっていた近代のロシアやナチス・ドイツなどに比べれば、はるかに多かった。また帝政ロシアでも、一部の市民は状況によっては政府の許可を得なくとも職業を変えることが可能だった。資本主義と私有財産の存在が、ツアーの手に握られた権力に対してそれなりの抑止効果を発揮したからである。

政治的な自由と経済的な自由との関係は複雑で、けっして一方通行ではない。一九世紀初めのベンサムと哲学的急進派は、どちらかと言えば政治の自由が経済の自由を実現する手段になると考えていた。大衆はさまざまな制約を課され自由を妨げられている。したがって政治を改革し大衆の大半に選挙権を与えるならば、大衆は自分たちに都合のよいことをする、つまり自由放任に賛成票を投じるだろう、と考えたのである。いま振り返ってみると、この考えはたしかに正しかった。大規模な政治改革が行われ、それと並行して自由放任を大幅に認める方向で経済も改革された。そして経済体制のこの転換の結果、大衆の生活水準は大幅に向上している。

一九世紀の英国でベンサム一派の自由主義が勝利を収めると、今度は反動が起き、経済への政府の関与を増やそうとする動きが現れる。土地や生産手段を国家が管理する集産主義や社会主義へと向かう流れが、二つの世界大戦を経てどの国でも一気に加速した。英国も例外ではない。民主主義国家で、自由よりも福祉が重視されるようになったのである。哲学的急進派の知的後継者と位置づけられるダイシー、ミーゼス、ハイエク、サイモンズらはこの風潮が個人の自由を脅かしかねないと気づき、経済の国家統制につながる「隷従への道」を突き進むことを恐れた。言うまでもなく「隷従への道」は、この過程をくわしく分析したハイエクの代表作のタイトルである。このときダイシーらは、経済的自由を主に政治的自由を実現する手段とみなしていた。

そして第二次世界大戦後の出来事をみると、二つの自由の関係がまた変わってきたことがわかる。集産主義的な計画経済はたしかに個人の自由に干渉したが、少なくとも一部の国では、それは自由の抑圧にはいたらなかった。なぜなら経済政策の方が転換されたからである。それが最も顕著だったのは、またしても英国だった。きっかけとなったのは、雇用統制令である。時の与党だった労働党は懸念の声を押し切り、経済政策を実行するには雇用統制が必要だと判断した。もしもこれが完全実施されていたら、国が個人に職業を割り振ることになっていたかもしれない。だが個人の自由と真っ向から対立するこの法令は、ほとんど適用されないまま、発効後ごく短期間で撤廃された。そして撤廃に続いて、経済政策は大きく転換される。以後、政府主導の経済計画だのプログラムだのへの依存度は大幅に下がり、統制の多くは廃止され、民間市場が重視されるようになった。英国に続いて他の多くの民主主義国家でも、同じような政策転換が行われている。

各国の政府がこぞって政策転換に踏み切ったのは、計画経済が目標を達成できなかったから、いやありていに言えば、みごとに失敗したからである。とは言え失敗した原因の少なくともいくらかは、計画経済が政治と密接に絡み合っていることに求めるべきだろう。また計画の実行が個人の重要な権利と衝突する場合、権利を捨ててまで遂行しようと考える市民がまずいなかったためでもある。もっとも戦後の大きな流れは集産主義や社会主義へと向かっていて、政策転換は一時的な現象に過ぎないという可能性もないわけではない。だがそうだとしても、政策が転換されたという事実から、政治的な自由と経済制度の間には密接な関係があることがわかる。

しかし歴史上の証拠があるというだけでは、十分な論拠とはならない。政治的な自由の拡大が資本主義や市場の発展と同時に起きたのは、単に偶然の一致だったかもしれないからだ。なぜ両者の間に関係があると言えるのか。経済的自由と政治的自由とは、論理的にどうつながっているのか。これらの点を論じるにあたり、以下では経済的自由を体現する要素として市場にまず注目し、続いて市場制度と政治的自由との関係について述べる。併せて、自由な社会にとって理想的な経済体制の概要を示すことにしたい。

自由主義者が究極の目的とするのは、個人の自由であり、これはおそらくは家族の自由である。この自由を基準に、自由主義者は社会制度の良し悪しを判断する。このように考えたとき、自由は、他との関係において初めて意味を持つことがわかる。だから、孤島で暮らすロビンソン・クルーソーにとって（フライデーがいなかったとすれば）、自由は何の意味も持たない。なるほどロビンソン・クルーソーにはさまざまな制約が課されている。いろいろな意味で力は限られ、選択肢もごくわずかしかない。だがここで議論する意味での自由の問題は、一切存在しなかった。翻って社会でも、各人が自分の自由を使って何をすべきかについて、自由は何も語らない。倫理はあらゆることについて何をすべきかを語るが、自由は倫理ではないのだ。いやむしろ自由主義者がめざすのは、倫理の問題を個人の判断に委ねることである。「ほんとうに」重要な倫理問題は、自分の自由をどう行使すべきかということなのである。自由な社会では、自由人は必ずこの問題に直面する。以上のように、自由主義者にとって重要な自由の意味は二通りある。一つは他との関係における自由である。自由主義者はこの意味での自由を最も重んじる。もう一つは、自由を行使する個人にとっての意味である。こちらは個人の倫理観や価値観に委ねられる。

自由主義者は、人間は不完全な存在だと考える。だから自由主義者にとって、社会が抱える問題は、「良い人」が良いことをできるようにする一方で「悪い人」が悪いことをできないようにするという面を併せ持つ。それにまた、見方次第で同じ人が「良い人」にも「悪い人」にもなり得るという問題も存在する。

そして、大勢の人の経済活動をどのようにうまく調整するかということは、社会が抱える基本的な問題の一つである。あまり進んでいない社会であっても、手元にある資源を有効活用するためには大がかりな分業や仕事の専門化が必要になる。まして進んだ社会では、近代的な科学技術がもたらす機会を最大限利用するために、はるかに大規模な調整が必要だ。一日に供給されるパンにさえ、文字通り何百万もの人々が関わっている。一年間につくられる自動車となれば、なおのことだ。この広範な相互依存と個人の自由とをどう調和させるかということは、自由主義者にとってまことに悩ましい問題である。

何百万人もが関与する経済活動をうまく調整する方法は、基本的には二つしかない。一つは、強権を発動して上から命令する、軍隊や近代の全体主義国家のやり方である。もう一つは、個人が自発的に交換し助け合うやり方である。市場はこちらに当たる。

自発的協力を通じた調整が可能なのは、双方が十分な情報を得たうえで自発的に行う限り、経済取引はどちらにも利益をもたらすという基本的な了解が（ときに覆されるとしても）存在するからである。

だから、強制しなくとも調整が行われる。自発的な交換を通じて成り立つ社会を動かすのは、一言で言えば「自由な民間企業による交換経済」であり、これはまさに本書で競争資本主義と呼ぶものである。

競争資本主義社会のごく単純な形は、いくつもの自立した家族が住む村、言うなればロビンソン・クルーソーの集団である。家族はそれぞれ手持ちの資源を活用してモノやサービスを生み出し、それを他の家族がつくったモノやサービスと、互いに合意した条件で交換する。こうして、当面の自分の用のためにつくるのではなく他人のためにモノをつくることによって、間接的に自分のニーズを満たす。この間接的な方式がなぜ選ばれるのかと言えば、分業と専門化によって生産量を増やすことが可能になるからだ。自分のためにだけつくるという選択肢もつねにあるのだから、利益をもたらさない交換をする理由はない。言い換えれば両方の家族が交換に利益を認めたとき初めて交換が行われ、強制によらない持ちつ持たれつの関係が成り立つ。

もしも究極の生産単位が家族だったら、専門化と分業はさほど進まなかっただろう。この面で近代の社会がめざましい進歩を遂げたのは、モノやサービスの売り手としての個人と買い手としての個人を結びつける企業というものが導入されたからである。また、もしも物々交換にずっと頼っていたとしたら、やはり専門化と分業は遅々として進まなかっただろう。この面では、交換を容易にすると同時に売る行為と買う行為を切り離す手段として、貨幣が導入された。

こうして企業と貨幣が重要な役割を果たすようになって、経済は複雑化し、さまざまな問題が持ち上がるようになった。だが市場を通じた調整の特徴は、企業も貨幣も存在しない単純な交換経済の中にすでにはっきり認められる。この単純な経済モデルの場合と同じように、複雑な企業経済モデルにおいても、次の二つの条件が満たされるなら、協力は個人のレベルで自発的に行われる。第一は、企業が私企業であって、最終的な契約当事者が個人であること。第二は、交換するかしないかを個人が自由に決められ、あらゆる契約が完全に自発的であることだ。

このようにおおざっぱに言うのは簡単だが、くわしく説明するのは容易ではないし、条件に適う制度がどうあるべきか、具体的に記述するのもむずかしい。そのために経済学の専門書がたくさん書かれているほどなのだから、無理もあるまい。まず何よりも必要なのは、法と秩序を維持して個人が他人から暴力などによる強制を受けないようにし、個人が自発的に結んだ契約が確実に履行されるような環境を整えて、個人がする行為に実効性を持たせることである。これはこれで困難な課題だが、さらに厄介なのは、独占と外部効果の問題である。独占は、個人同士の交換という選択肢をなくしてしまうので、実質的に自由を阻害する。外部効果は、プラスの効果（外部経済）に対して対価を求めることも、マイナスの効果（外部不経済）に対して補償を求めることもできないという性質を持つ。これらについては、次章でくわしく論じる。

交換の実質的な自由が維持される限り、経済活動が行われる市場では、ある人が別の人の取引を邪魔だてすることはまずできない。これが、市場経済の最大の特徴である。たとえば消費者は、ほしいモノはほかでも買えるので、特定の売り手からどうしても買わねばならぬということはない。逆に売り手は、買ってくれるお客はほかにもいるので、特定の消費者にどうしても買ってもらう必要はない。また労働者は、雇ってくれる会社はほかにもあるので、特定の雇用主とどうしても契約せねばならぬということはない。市場はこれらをごく機械的に、中央集権的な組織の存在なしにやってのける。

このように市場があまりにうまくやってのけることが、自由経済への反対論の主な根拠であるらしい。市場経済は、政府その他の集団が「大衆はこれを望むべきだ」と考えるものではなく、一人ひとりが実際に望むものを与える。市場反対論者の心の奥底には、こうした自由そのものに対する懐疑の念が潜んでいるのだろう。

だが自由市場が存在するからと言って、けっして政府が不要になるわけではない。それどころか、「ゲームのルール」を決める議論の場として、また決められたルールを解釈し施行する審判役として、政府は必要不可欠である。ただし市場は、政治の場で決めなければならないことを大幅に減らし、政府が直接ゲームに参加する範囲を最小限に抑える役割を果たす。政治を介して何かをする場合、どうしても多数派に従わせる結果になりがちだ。これに対して市場は、多様性に対して寛容だという大きな利点がある。政治の言葉で表すなら、市場は比例代表制である。自分がほしい色のネクタイに一票を投じ、手に入れることができる。多数派がほしがるのは何色かを気にする必要はないし、自分が少数派だったとしても多数派に従う必要はない。

「市場は経済的な自由を与える」という表現は、市場のこうした特徴を意味する。ただしこの特徴は、経済という狭い枠を超えてはるかに広い範囲にかかわっている。一方、政治的自由とは、個人が他人から強制されないことを意味する。自由を脅かすのは要するに強制力であって、その力を専制君主や独裁者が握るか、一時的な多数派が握るかは問題ではない。自由を守るためには、このような力の集中をできるだけ排除し、排除できないときは分散することが必要だ。つまり権力の抑制と均衡、チェック・アンド・バランスである。市場は経済活動の運営を政治権力による支配から切り離し、強制力の源を排除する。こうして経済は、政治権力を抑制する方向に働く。

経済的な力は、分散が容易である。質量不変の法則のようなものは成り立たないので、産業なり企業なり新しい経済主体が台頭したら、既存の主体が必ず消滅するといったことはない。これに対して政治的な力は分散化がむずかしい。地方政府など、独立した小さな政府が林立することは可能である。だが、一つの大きな政府の中に対等の権力者や有力な機関がいくつも共存することは、一つの大きな経済の中に対等の経済力を持つ実業家が共存することに比べ、はるかにむずかしい。一つの大きな経済の中に大富豪が何人も同時に存在することは十分あり得るが、国民が熱狂的に支持するような卓越した指導者が二人も三人も存在することは可能だろうか。また中央政府が権力を握るときは、地方政府は弱体化するのではないだろうか。どうやら政治権力には総量が決まっていて、それが分散されることになるようだ。となると、経済の力に政治の力が結びついたら、集中は避けられまい。逆に切り離されていれば、経済は政治権力を抑制してバランスをとる役割を果たすことができる。

ここまでの説明はいささか抽象的だった。ここで例を挙げて説明しよう。はじめに基本的なことを明らかにするために仮定の例で説明し、その後に最近の実例により、市場が政治的自由を守るために機能したことを示す。

自由な社会に備わっている特徴の一つは、社会体制の大胆な変革を堂々と主張し宣伝する自由が個人に保障されていることである——ただしあくまで言葉による説得に限られ、暴力その他の強制を伴わないという条件は付く。資本主義社会では、公然と社会主義を主張し運動を組織してよい。このことは、政治的自由が保障されていることを雄弁に物語っている。となれば、社会主義社会において政治的自由が保障されるためには、資本主義の導入を堂々と主張できなければならない。社会主義社会では、資本主義を主張する自由がどのように守られるのだろうか。

何事によらず何かを主張するとなれば、まずは生計が成り立っていなければならない。ここで早くも社会主義社会では問題が持ち上がる。というのも、どの人も直接政府に雇われているからだ。社会主義政府が自分の使用人に対し、国家の理念や主義に真っ向から反対する思想の主張を許すには、相当に寛容の精神を必要とする。それがいかにむずかしいかは、第二次世界大戦直後のアメリカで、連邦政府職員の身に降りかかったこと（これについては後述する）をみればよくわかる。

だがここでは、こうした寛容の精神が発揮されたと仮定しよう。すると資本主義の支持者は、具体的な成果を出すために、運動資金を調達しなければならない。集会を開く、パンフレットを配る、ラジオの放送時間を買う、新聞雑誌を発行する、等々のためである。どうしたら資金を集められるだろうか。社会主義の国にも高額所得者はいるだろうし、国債などの形で多額の資産を保有する者もいるだろう。だがそうした人たちは、きっと高級官僚にちがいない。下級官僚であれば、資本主義をあからさまに支持してもクビは飛ばないかもしれないが、高級官僚が「破壊分子」の活動に資金を提供するとはとても思えない。

となれば、大勢の下級官僚から少しずつ寄付を集めるしかない。だがこれでは答にならない。このような寄付をしてもらうためには、大勢の人がまず資本主義の理念を受け入れていることが必要だが、いま問題なのは、そのための運動を始めて資金を集めることだからである。資本主義社会における急進的な社会運動をみると、このような方法で資金を集めた例はない。だいたいは、自分の思想に共感してくれる少数の資産家から資金的援助を得る。フレデリック・V・フィールド、アニタ・M・ブレーン、コーリス・ラモントなどがそうだし、もっと遡ればフリードリヒ・エンゲルスもそうだ。このように、パトロンは大きな役割を果たしてきた。あまり人は気づいていないけれども、不平等な富の配分は、政治的自由を守るのに役立ってきたのである。

資本主義社会では、自分の思想を広めようとして資金集めをするとき、それがどんなに奇抜な思想であっても、気前のいい資産家を何人か説得できればそれで事足りる。権力とは無縁の立場で支援してくれようという金持ちはいくらでもいるのだ。しかも実際には、資金の出し手である資産家や銀行に、その思想のすばらしさを納得してもらう必要さえない。思想を広める運動が金銭的に見合うことさえ納得してもらえれば、それでいいのである。新聞であれ本であれ、あるいは何かの企画であれ、儲かりそうだと思ってもらえればいい。たとえば競争市場で互していこうとする出版社は、個人的に賛同できる著作だけを出版することにしたら、事業として成り立たない。その本がたくさん売れて投資の元を取れるかどうかが出版社の判断基準となる。

このようにして資本主義社会では、社会主義社会にみられた堂々巡りの罠を市場が断ち切る。いざ運動が始められれば、ゆくゆくは大勢から少しずつ資金を出してもらえるようになるだろうけれども、始めに大勢を説得する必要はないのである。翻って社会主義社会には、そうした仕組みは存在しない。そこにあるのは、権力も資金力も一手に握る政府だけである。

ここで想像をたくましくして、社会主義国家の政府がこうした欠点に気づいており、しかもその政府は個人の自由の保障に熱心だとしよう。だとすれば、政府が運動に金を出せそうなものではないか。たしかに建前としては出せるかもしれない。だが、具体的にどうするのだろう。政府の転覆を目論む運動に補助金を出す部局を設立するのだろうか。それにしても、どの運動家を支援するのかをどうやって選ぶのか。補助金を申請する人に片端から支給していたら、すぐに破綻してしまうだろう。社会主義といえども、価格が高いほど供給が増えるという経済の初歩的な原則と無縁ではいられないからだ。急進的な思想を唱えれば補助金がもらえるということになれば、運動家がひきもきらずに供給されることは確実である。

不人気な思想を主張する自由を保障するからと言って、それをただで主張できることまで保障するにはおよばない。急進的な思想の持ち主が何の費用も負担せずに主義主張を宣伝できたり、あまつさえ補助金をもらえるということになれば、どんな社会でも混乱するだろう。深く信奉する思想を主張するためにある程度の犠牲を払うことは、まったく妥当である。いやむしろ、犠牲を払ってまでそうしたいという人にだけ、その自由を保障することが重要なのだ。さもないと、自由は放縦と無責任に堕すであろう。肝心なのは、不人気な思想を広めるための犠牲が容認できる程度であって、まったく耐え難いほどではないことである。

さらに言えば、自由競争社会では資金が得られさえすれば、その先には問題はない。製紙会社は、保守系のウォールストリート・ジャーナル紙にも共産党系のデーリー・ワーカー紙にもよろこんで紙を売ってくれる。だが社会主義社会では、資金があるだけでは問題は解決しない。たとえば資本主義を広めようと思ったら、政府が運営する製紙工場に紙を売ってくれと頼み、政府の印刷所にパンフレットの印刷を、政府の郵便局に配布を、政府のどこかの部局に会場の借用を、頼み込まなければなるまい。

社会主義社会にも、そうした困難を乗り越え自由を守る方法があるのかもしれない。絶対に不可能だとは言わない。それでも、反対意見をすんなり口にできるような制度を確立するのがきわめて困難であることはまちがいない。私の知る限りでは、社会主義を支持しつつ自由を信奉する立場の人で、この問題に正面から取り組んだ人はいない。また、社会主義の下で自由を容認する制度を構築しようと真剣に取り組み始めた人もいない。これに対して自由市場を持つ資本主義社会が自由を促進してきたことは、あらためて言うまでもあるまい。

いま抽象的に述べたことを示す顕著な例として、ウィンストン・チャーチルのケースが挙げられる。チャーチルは一九二九年から三九年まで下野していたが、その間の三三年から第二次世界大戦勃発までの期間、ラジオ放送から締め出されていたのだ。英国放送協会（ＢＢＣ）が運営するイギリスのラジオ放送は、言うまでもなく政府の独占事業である。国の指導的立場にあり、国会議員であり元閣僚でもあったチャーチルは、ヒトラー率いるドイツの脅威を前に、国民に協力を訴えようと必死になっていた。それなのに、ラジオで国民に呼びかけることを禁じられた。なぜかと言えば、ＢＢＣが政府の独占事業であり、時の政府にとってチャーチルはあまりに「問題の多い」論敵だったからである。

もう一つ、大いに話題になった例を挙げよう。こちらは、一九五九年一月二六日付タイム誌に掲載された「消えゆくブラックリスト」という記事にくわしい。ここに一部を抜粋する。

アカデミー賞授与式はハリウッド最大のセレモニーである。が、二年前にその権威を揺るがすような事件が起きた。『黒い牡牛』の原案賞受賞者としてロバート・リッチの名が呼ばれたにもかかわらず、晴れの受賞者は姿を現さなかったのである。映画業界のブラックリストに載っていることが理由だった。このブラックリストには、共産主義者またはそのシンパと目される一五〇人もの作家の名が挙げられている。しかも映画協会は長年にわたり、共産主義者および憲法修正第五条に基づく証言拒否者を賞の選考対象から除外してきたが、リッチはこの証言拒否者に該当したのである。しかし先週、リッチの正体がついに明らかになった。そしてこの除外規定も改められる運びとなっている。

リッチは、じつはドルトン・トランボ（『ジョニーは戦場へ行った』の原作・脚本・監督を担当）だったのである。トランボはいわゆる赤狩りの対象となり、一九四七年に開かれた非米活動委員会の第一回公聴会に呼び出された経歴がある。このとき証言を拒否したため、反共キャンペーンの標的であるハリウッド・テンの一人に挙げられ、映画界から締め出された。『黒い牡牛』のプロデューサーであるフランク・キングは、「ロバート・リッチは髭を生やした若いスペイン人だ」と言い張ってきたが、先週とうとう、「われわれはできるだけよい脚本を買う義務を株主に対して負っている。だからトランボが『黒い牡牛』を持ってきたとき、われわれは買った。それだけのことだ」と認めた。

もっとも締め出しをくらった作家にとって、久しい以前からブラックリストは有名無実になっていた。だから今回の件は、ブラックリストを遅蒔きながら公式に退場させたに過ぎない。現在ハリウッド映画の少なく見積もっても一五%は、ブラックリスト作家が脚本を書いていると言われる。キングは「ハリウッドには墓地よりずっとたくさんのゴースト（ライター）がいる。映画会社はどこもブラックリストに載った連中を使ってきた。だからわれわれは、公然の秘密を初めて公の場で認めただけだ」と話している。

ある人が、共産主義はあらゆる自由を破壊すると考えたとしよう（私がそうだ）。その人は、断固としてこの主義に反対するだろう。しかし同時にその人は、共産主義を信じたとか広めたというだけの理由から、共産主義者が他の人との自発的な取引を禁じられるのは耐え難いとも考えるはずだ。共産主義者には、共産主義を信奉し広める自由がある。ただしもちろん他の人にも、共産主義の信奉者と取引しない自由がある。ハリウッドのブラックリストは、業界が結託して強制的な手段を発動し自由な取引を妨げる取り決めだったという点で、自由に反し自由を破壊するものだった。だが結局リストは機能しなかった。リストを守っていたら市場で損をするからである。企業経営者であれば、誰しもできるだけ利益を上げたいと思う。このように商売を重視した結果、映画会社は抜け道を工夫し、ブラックリスト作家を起用できる環境を整えて、結果的に作家たちの自由を守った。

もしハリウッドをはじめとする映画産業が国営であったり、作家への発注がBBCのような国営企業に委ねられていたら、ハリウッド・テンに挙げられた作家が仕事にありつくチャンスはほとんどなかっただろう。国が事業主だったら、個人の自由や市場経済の支持者が雇ってもらえる可能性はまずあるまい。いや現状維持派以外は、どんな思想の持ち主も雇ってもらえないだろう。

市場が政治的自由の守護神となる例をもう一つ挙げよう。アメリカにおけるマッカーシズム、いわゆる赤狩りである。ここでは、共産主義者として告発された人々がほんとうにそうだったかどうか、また告発が妥当だったかどうかには触れない。問題にしたいのは、共産主義者として告発された人々、とりわけ、無責任な告発をされたり良心に反するような密告を強要されたりした連邦政府職員に対して、どんな保護が与えられたかということである。「憲法修正第五条により自己に不利益な証言を強要されるべきではない」などといくら唱えたところで、政府に代わる職を見つけられなければ、意味がない。

結局彼らを実質的に救ったのは、市場経済だった。政府から放り出されても、市場で職をみつけることができたからである。とは言え先の例と同じく、市場による保護は万全ではない。民間の雇い主は、致し方ないとも言えるが、「アカ」と目された人を雇いたがらなかったからである。共産主義を堂々と主張する人よりも、共産主義者だと告発されただけの人の方が、はるかに理不尽な犠牲を払わされたと言えよう。だが重要なのは、犠牲が絶望的とまではいかなかったことである。もしも雇用主が政府しかいなかったとしたら、告発された人々は路頭に迷うしかなかっただろう。

このとき、赤狩りに巻き込まれた人の目立って多くが、中小企業、小売業、農業など最も競争の激しい部門で職を得たことに注意してほしい。これらの部門では、理想に近い自由市場が成り立っている。たとえばパンを買う人は、小麦を栽培したのが共産党員か共和党員か、民主主義者かファシストかなど気にしない。パンに関する限り、黒人か白人かも気に留めないだろう。この事実から、人格を持たない市場は経済活動を政治的意見から切り離すこと、そして経済活動において、政治的意見や皮膚の色など生産性とは無関係な理由による差別を排除することがわかる。

いまの例からわかるように、現在の社会において競争資本主義が維持され強化されたとき最も恩恵を受けるのは、黒人、ユダヤ人、外国人など少数集団である。こうした少数集団は、多数集団から疑惑の目で見られたり憎悪の対象になったりしやすい。にもかかわらず、じつに逆説的な現象だが、自由主義に敵対する社会主義者や共産主義者には、これら少数集団に属す人が目立って多い。彼らは、市場の存在によって多数集団の威圧的傾向から守られていることを認めず、いまなお残る差別は市場のせいだと勘違いしている。

第 2 章

自由社会における政府の役割

Role of

in a Free

CHAPTER 2 The R

Government i

Society

全体主義社会に対する批判として、そこでは目的による手段の正当化が行われているから、ということがよく言われる。だが文字通りに受け取るなら、この批判はどう考えても論理的ではない。目的以外に手段を正当化できるものはあり得ないからだ。だからと言って、全体主義を批判するなと言うつもりはない。ただ、批判の仕方がまずいだけである。目的による手段の正当化に対する批判は、要はその目的が本来めざすべきものではないという主張なのであり、しかるべき手段を使うことそのものをめざすべきだという主張なのである。悪い手段に頼らないと達成できないような目的は、たとえどれほど望ましい目的であっても、よい手段を使うというもっと大きな目的に道を譲らなければならない。

自由主義者にとってよい手段とは、自由な討論と自発的な協力である。強制は、どんな形であれよくない。責任ある個人が自由な議論を尽くしたのちに合意に達すること、これが自由主義者にとっての理想である。そしてまたこれは、前章で述べた自由という目標のもう一つの形にほかならない。

この観点からみたときの市場の役割は、すでに述べたように、強制によらずに合意を導く役割を果たすことである。言わば市場は、実質的な比例代表制として機能する。これに対し、公に政治的な手続きを通じて何かを行う場合には、どうしても少数意見を多数意見に従わせざるを得ない。ほとんどの問題についてイエスかノーをはっきりさせねばならず、それ以外の選択肢は、あってもごく限られている。政治制度として比例代表制が正式に採用された場合でも、そうだ。まず政治の場合、実際に議会に代表を送り込める団体の数はかなり限られていて、多種多様な市場の比例代表とは比べものにならない。だがもっと重大なのは、政治の場で下される結論は最終的に法律という形にしなければならず、それはあらゆる集団に適用されることである。党派ごとに別々の法律をつくるわけにはいかない。したがって政治における比例代表制は、自発的な全員一致を導くどころか、非効率と分裂を招きがちである。そして大勢に従わせようにもできないほどに少数意見が分立し、合意を阻む結果になりやすい。

そのうえ、比例代表制にはなじまない問題もいくつかある。たとえば私は私のほしいだけ、読者は読者のほしいだけ軍備を整えさせるというわけにはいかない。このように小分けできない問題も自由な討論や投票の対象にはなるが、いったん決まったら従わなければならない。個人や国家を力による威圧から守ることは、分けられない問題の中で最も基本的なものと言えよう。こうした分割不能の問題が存在する以上、市場を通じた個人の行動に万事を委ねることはできないし、国家の予算や資源の一部をこの種の問題に割り当てるならば、どう割り当てるかは政治の場で調整せざるを得ない。

こうした次第で政治の関与は避けられないが、政治の場での意見調整は、社会の安定を成り立たせている市民の関係にひびを入れやすい。分割不能な問題で全員が同じ行動をとらざるを得ない場合、誰もがおおむね同じ意見を持つような狭い範囲についてのみ合意できればよいのなら、ひびは入りにくい。が、合意の表明が求められる範囲が広がるほど、人々を結びつけている弱い絆は危うくなる。そして多くの人が重大な関心を抱き、しかも意見が一致しないような問題ともなれば、社会が分裂することも大いにあり得る。基本的な価値観がまったく異なるような場合、採決ではめったに解決できない。結局は解決するのではなく、戦いで決着をつけることになる。歴史にみられる宗教戦争や内戦は、まさにその例証と言えよう。

市場が広く活用されるようになれば、そこで行われる活動に関しては無理に合意を強いる必要がなくなるので、社会の絆がほころびるおそれは減る。市場で行われる活動の範囲が拡がるほど、政治の場で決定し合意を形成しなければならない問題は減る。そしてそういう問題が減れば減るほど、自由な社会を維持しつつ合意に達する可能性は高まっていく。

合意の理想的な形は、言うまでもなく全員一致である。だが現実には、あらゆる問題について全員一致に達するまで時間や労力を費やすことはできないので、理想にはほど遠い解決を受け入れるしかない。そこでよく使われるのが、さまざまな形の多数決である。つまり多数決は絶対の法則ではなく、あくまで便宜的な手段なのだ。そのことは、多数決に訴えてもいいかどうか、あるいは多数決を採用する場合の多数は過半数か三分の二かといったことが、問題の重要性に左右されることからも明らかである。さほど重要でなく負けた側にしこりを残さないような問題なら相対多数でいいだろうし、負けた側が深刻に受け止めるような問題なら過半数でも十分とは言えまい。たとえば、言論の自由のように重大な問題を五一対四九の過半数で決めてもいいと考える人は、ほとんどいないのではないか。アメリカの法体系では、問題の性質に応じて多数決の種類が明確に定められている。いちばん上に位置づけられるのは、憲法で扱われる事柄だ。憲法に定められているのはきわめて重要な事柄であるから、便宜的な手段に頼って改正することはできるだけ避けたい。憲法の条文を最初に決めたときには、動かし難い合意といったものがあったにちがいない。したがって改正するにも、そうした合意があることが望ましい。

合衆国憲法でも、また他国の憲法でも、成文法か不文法かを問わず、ある種の問題には多数決の安易な使用を戒める条文が定められている。また憲法をはじめとする重要な法律には、個人に対する強制を禁じる条項もある。これらの条項そのものが自由な討論を経て練り上げられ、決定手段についての実質的な全員一致を反映していると考えるべきだ。

それでは次に、市場では扱えない分野や、費用がかかりすぎるため政治に委ねる方が好ましいと思われる分野について論じる。引き続き概論ではあるが、もうすこし具体的に検討したい。

ルールの決定と審判

まずここでは、市民の行動と、その行動を規定する慣習や法律の枠組みとを区別して考えなければならない。市民の日々の行動は試合の中で選手がとる行動のようなものであり、枠組みはその試合を支配するルールのようなものだ。選手がルールを認め、かつルールを解釈し適用する審判を認めなければ、試合はうまく進行しない。同じように、市民同士のやりとりに関する決まり、決まりの解釈を巡って対立したときに仲裁する手段、決まりを守らせる仕組みを市民が認めなければ、社会はうまくいかない。試合でも社会でも、決まりごとの大半は慣習から自然に生まれたものであって、とくに意識もせず受け入れられているのがふつうである。意識されるのは、決まりを変えるときぐらいだろう——もっとも、小さな変更が積み重なるうちには、試合にせよ社会にせよすっかり様変わりする可能性はあるが。またルールや決まりごとというものは、試合でも社会でも、大多数のメンバーがいちいち罰則を適用されずともおおむね従うのでなければ運用できない。つまり広く社会に暗黙の了解が存在しなければ、ルールは成り立たないのである。とは言えルールを解釈し強制しようとするとき、慣習や暗黙の了解だけに頼るわけにはいかない。そこで審判が必要になる。このように考えると、自由社会において政府が果たす基本的な役割は次のようになるだろう。ルールを変える手段を用意すること。ルールの解釈を巡って意見が対立したときに調停すること。放っておくと試合を放棄しかねないメンバーにルールを守らせることである。

これらの面で政府が必要なのは、完全な自由というものがあり得ないからだ。政府が存在しない社会は学術研究のテーマとしては魅力的かもしれないが、不完全な人間が集まった世界では成り立たない。互いの自由は衝突することがあり得るし、そうなったら、一方の自由を制限しなければ他方の自由は守れない。ある最高裁判事がかつて述べたように、「拳を突き出す自由は、誰かの顎が間近にあるときは制限されなければならない」。

このように個人の間で起こり得る自由の衝突をどう解決するかということが、政府の適切な役割を決めるときに大きな問題になる。中にはすぐに答が出るケースもある。たとえばある人が隣人を殺す自由は、隣人の生きる自由を守るために排除されなければならない。この主張には、おそらく誰もがすんなり同意するだろう。ところが、そう簡単に答が出ないケースもある。たとえば経済の分野で悩ましいのは、協定を結ぶ自由や団結する自由と、競争する自由が衝突することだ。「企業の自由」と言うときの「自由」は、アメリカでは、誰でも自由に企業を興せる自由と了解されてきた。そして既存企業は、同じ値段でよい品を売るか同じ品を安く売る以外の手段で新規参入企業を締め出す自由はないものとされている。これに対してヨーロッパでは昔から、企業にはやりたいことをする自由があると考えられてきた。その自由の中には、協定を結んで値段やテリトリーを取り決めるなど、新たな競争相手を締め出す手段を講じることも含まれる。企業の自由に関しておそらくいちばん厄介なのは、労働者の団結に関する問題だろう。この問題では、協定の自由と競争の自由がとりわけ鋭く対立する。

経済のもっと基本的なところでは、財産権をどう定義するかという重大な問題がある。これもまた答の出しにくい問題だ。財産権は、何世紀にもわたって熟成された末に現在の法体系に組み込まれている概念である。このためすっかり慣れ親しみ当たり前になって、財産とはいったいどこまでを指すのか、財産を持っていればどんな権利が与えられるのかはけっして自明ではなく、社会においてはかなりの難問であることが意識されていない。だが考えてみよう。土地を持っていれば自分の好きなようにその土地を使う自由があるわけだが、それならば誰かが上空を飛行機で飛ぶ権利を拒否できるだろうか。それとも飛行機で飛ぶ権利の方が優先されるのだろうか。それとも飛ぶ権利は、あるいは高度に、あるいは騒音の大きさに左右されるのだろうか。自発的な取り決めを結び、上空を飛ぶときに通行料を払ってもらうべきか、それとも飛ぶのを遠慮してもらうために、こちらが払わなければならないのだろうか。採掘権、著作権、特許権、株式、沿岸権など、思いつくものを列挙しただけでも、財産の定義そのものが広く社会的に受け入れられたルールに依存していることがよくわかる。したがって多くの場合、財産の定義は何かということよりも、それが広く定着しているかどうかの方がはるかに重要だと言えよう。

経済の分野では、もう一つ、通貨制度もむずかしい問題を孕んでいる。昔からこれは政府の仕事だと考えられてきた。アメリカでは、「貨幣を鋳造し、国内通貨の価値および外国通貨との交換価値を管理する」権限を政府に与えることが憲法に規定されている。どこの国でもこれは政府の仕事ということになっているが、経済の分野でこのような事柄はほかにないだろう。政府の仕事であることが当たり前とされ、いまやほとんど意識もされていない。だからこそ、その根拠をもう一度よく検討する必要がある。うっかりしていると、政府の守備範囲が自由社会で適切な範囲を踏み越え、通貨制度の枠組みを用意するだけでなく、個人間の資源配分を決めることにまで拡がりかねない。この問題については、次の第3章でくわしく論じる。

以上を簡単にまとめておこう。自発的な交換を通じた経済活動では、政府がそのための下地を整えることが前提となる。具体的には、法と秩序を維持し個人を他者の強制から保護する、自発的に結ばれた契約が履行される環境を整える、財産権を明確に定義し解釈し行使を保障する、通貨制度の枠組みを用意することが、政府の役割となる。

技術的独占と外部効果

以上のように政府は、市場にはできない機能、すなわちルールを定め、守らせ、係争があれば仲裁する役割を引き受ける。また、市場でできなくはないが主に技術上の理由から市場ではうまくいかないことも、政府にやってもらう方がいいかもしれない。厳密な意味での自発的な交換に法外な費用がかかるか、事実上不可能か、どちらかの場合がそうだ。そしてそこには必ず、独占またはこれに類する市場の不完全性か、外部効果が存在する。

第一の独占について説明しよう。交換は、ほぼ同等の選択肢がほかに存在しない限り、本当の意味で自発的とは言えない。ほかの選択肢が存在せず、交換の自由が実質的に存在しない状態は、独占である。実際には独占のほとんどは、政府の後押しや当事者同士の内々の取り決めで発生する。こうした独占に対しては、政府による後押しをやめさせるか、反トラスト法のような法律をどしどし施行すればよい。だが、生産者や運営者が一社である方が圧倒的に効率がよいという理由から独占が発生するケースもある。そうしたケースは思ったほど多くはないのであるが、しかしあることはまちがいない。最もわかりやすい例は、ある国なり地域なりの電話サービスだろう。このような独占を、本書では「技術的独占」と呼ぶ。

技術的条件から競争市場が自ずと独占に収斂する場合には、民間企業が独占する、政府が独占する、あるいは政府が規制するという三通りのシナリオしかないと考えられる。どれも好ましくないが、この中から選ぶほかない。経済学者のヘンリー・サイモンズは、アメリカの独占禁止法は悪法であり、政府が独占する方がまだましだという。自由主義者として知られるドイツの経済学者ワルター・オイケンは、ドイツ国鉄を研究した結果、公的機関による独占は最悪だから規制すべきだという。両者を検討した結果、あまり気は進まないながら、我慢できる程度であれば民間産業の独占がいちばんましだと私は結論することにしよう。

社会が変化しないものであって、技術的要因による独占がいつまでも続くのだとしたら、自信を持ってこう結論することはできない。だが変化の速い社会では、この種の独占を生み出す条件がめまぐるしく変わる。政府がいったん独占なり規制なりを始めると、民間企業に比べどうしても変化への対応が鈍く、また排除しにくいと懸念される。

その端的な例をアメリカの鉄道にみることができる。一九世紀の技術事情を考えれば、鉄道の大半が独占事業だったのは致し方なかったと言えるだろう。そこで、鉄道による搾取から消費者を守るために州際通商委員会（ＩＣＣ）が設置された。ところが状況は変わる。道路がつくられ航空機が登場して、どうみても鉄道が交通手段を独占しているとは言えなくなった。にもかかわらず、ICCはまだ廃止されていない。それどころか本来の目的から逸脱し、鉄道をトラックその他の脅威から守るための機関になっている。さらに近年では、陸運会社を新規参入者から守る役割も果たしているのだ。英国でも、鉄道が国有化された際、当初は陸運業も国家の独占に委ねられた。もしアメリカで鉄道が政府の規制を受けていなかったら、鉄道を含めて輸送産業では活発に競争が展開され、まずまちがいなく独占など発生しなかっただろう。

とは言え民間による独占、政府による独占、政府による規制といういずれも好ましくない選択肢のうち、つねに民間による独占がましとは言い切れない。周囲の状況によって、どれを選ぶべきかは変わってくる。たとえば必需品や生存に欠かせないサービスの場合であって、独占となれば途方もない規模になる場合には、たとえ一時的であっても民間企業の野放図な独占を容認することはできないかもしれない。そのような場合には規制で歯止めをかけるか、いっそ国が独占する方が好ましいことになる。

このように技術的条件から国の独占が妥当と言えるケースもときにはあるかもしれないが、参入を違法とすることによって独占を達成するのは、いくら技術的要因があっても正当化できない。たとえば、アメリカでは現在郵便事業が政府の独占になっているが、これは妥当とは言い難い。郵便は技術的独占だと主張することはできるだろう。政府による独占が最善だと主張することも、何とかできるだろう。さらに、政府が郵便事業を運営するのは正当だと主張することもできるかもしれない。だが、他の人が郵便を運ぶことを禁じた現在の法律は、けっして正当化できまい。郵便事業が技術的独占ならば、誰が参入しても政府にかなわないはずだ。そもそもそうでなければ、政府が郵便事業に手を染める理由がない。それを確かめる唯一の方法は、自由に参入させてみることである。

アメリカで郵便事業が政府独占になったのには、歴史的な背景がある。一八六〇年に始まった早馬による速達便ポニー・エクスプレスが迅速なサービスを提供していたため、政府の大陸横断郵便事業は太刀打ちできず、赤字を出した。そこで、政府以外が郵便を運ぶのはまかりならぬという法律をつくったのである。一八四〇年から書類や小包の運搬を手がけていたアダムズ・エクスプレスがいまでは投資信託会社になっているのは、こうした理由からだ。郵便事業に誰でも自由に参入できるとしたら、時代遅れのこの産業もたちまち活性化されるにちがいない。

自発的な交換を妨げる要因は、独占のほかにもう一つある。いわゆる「外部効果」が発生し、その効果への対価や賠償を請求することができない場合である。その最たる例が、川の汚染だろう。上流の住人が川を汚したら、下流の住民は、きれいな水を汚い水と強制的に交換させられたようなものである。下流の住民は補償してほしいと考えるだろう。だが個人の立場では、この強制的な交換を防ぐことも、適切な補償をさせることも、まずできまい。

高速道路の整備運営も、ややわかりにくいが、同じような例と言える。道路の場合、利用者を突き止めて料金を請求するのは技術的には可能だから、民間企業が運営することは不可能ではない。だが都市間道路などの場合には、入口も出口も無数にある。利用料金を区間ごとに個別に請求しようとすると、どの入口にも料金所の類を設けなければならず、料金徴収コストがむやみにかかることになる。利用距離に応じて料金を請求する方法としては、ガソリン税の方がはるかに安上がりだ。ただしこの方法では、どのガソリン税がどの道路の利用に該当するのかをきっちり区別することはできない。したがって、広い地域にまたがる民間企業の独占を認めるなら別だが、そうでなければ、民間企業に道路を運営させ料金を徴収させるのは、ほぼ不可能ということになる。

ただし長距離の観光道路など、交通量は多いが出入口がそれほど多くない場合には、話が違ってくる。こうした道路では料金徴収コストが小さく、実際にも有料道路化されているケースが多い。また、たいていは道路に代わる選択肢も多いので、独占をさほど心配する必要もない。どの点から考えてもこうした道路は民間企業が所有し運営すべきであり、もしそうなった場合は、該当区間分のガソリン税もその企業が受け取るべきである。

もう一つ、なかなか興味深い例として公園が挙げられる。公園の場合、外部効果を理由に政府の介入を正当化できるケースとできないケースがある点でも、また国立公園の運営は政府が当然やるべきだとほとんど誰もが頭から信じ込んでいるという点でも、興味深い。しかし実際には、外部効果を理由に政府の介入を正当化できるのは都市にある公園の方なのだ。イエローストーンやグランドキャニオンなどの国立公園はそうではない。両者の根本的な違いは何だろうか。都市部の公園は、無数の人に恩恵をもたらす。誰が恩恵を受けたか突き止め、それに対して料金を請求するのは至難の業である。都市の中心に公園がある場合、公園に面した家は広々とした空間を満喫しているはずだ。近くを歩く人も、園内を通り抜ける人も、公園を楽しむ。公園の入口すべてに料金所を設けたり、公園に面した窓一つひとつから年間料金を集めるとしたら、おそろしくコストがかかるし労力もかかるだろう。これに対してイエローストーンのような国立公園は、入口の数が少ない。訪れる人のほとんどは長時間そこにいるつもりなのだから、ゲートを設けて入園料をとるのは十分可能であり、実際にもそうなっている。ただし現在は、入園料だけでコストをすべてカバーしているわけではない。入園料だけで成り立つような公園運営を市民が望むなら、民間企業はこの事業に乗り出す気になるだろう。現にそうした事業を手がけている企業はたくさんある。これを政府がやるのを正当化できる外部効果や技術的要因があるとは、私には思えない。

ここで私が外部効果として扱ったようなことが、政府の介入を正当化するためにさかんに使われてきた。だが、たいていは外部効果という概念を正しく適用したのではなくて、個々の事例に都合よく当てはめた感が強い。もともと外部効果は両刃の剣であって、政府の事業を制限する理由に使うこともできれば、拡大する理由に使うこともできる。外部効果が自発的交換を妨げるのは、第三者におよぼした影響を把握しにくく影響の度合いを数値化しにくいからだが、それは政府の事業にしたところで同じである。外部効果が相当に大きくコストをかけてまで対策すべきなのはどんなケースかを判断するのはむずかしく、そのコストを適切に負担させるのはもっとむずかしい。このため政府が介入しても、対価の請求または補償がうまくなされず、それが結果的に新たな外部効果を付け加えることもあり得る。もともとの外部効果と新たに発生した外部効果のどちらが重大かはケース・バイ・ケースで判断するしかないが、両者の比較はごくおおざっぱにしかできないだろう。そのうえ外部効果の対策に政府を関与させること自体が、もともとの外部効果とは無関係の重大な外部効果を生む。政府の介入は必ず個人の自由の範囲を直接制限すると同時に、第1章で述べた理由から、自由を間接的に脅かすからだ。

完全に自発的な交換を通じて個人で行うのが困難あるいは不可能なことがあるとして、どれとどれは政府に委ねるのが妥当なのか。そこに明確な線引きをすることはできない。政府の介入が提案される都度、プラス要因とマイナス要因を秤にかけ、言わばバランスシートを作って検討すべきである。どれがプラスでどれがマイナスか、どの項目にどの程度の重みを付けるべきかは、これまでに述べた原則に基づいて判断すればよい。どのような介入が提案された場合でも、自由を脅かすような外部効果はマイナス側に記入し、大きな重みを付けるべきである。他の項目に比してどの程度大きくするかは、状況によって違ってくる。たとえば政府がこれまでに行った介入が小規模ならば、新たな介入のマイナス効果にもそれほど重みを付ける必要はないだろう。サイモンズのような初期の自由主義者がかなりのことを政府に委ねようとしたのは、多分にこのためだ。サイモンズが活躍した頃の政府は、現代の基準からすればよほど小さかった。あの頃政府に任せようとしたことを大きくなりすぎた現代の政府に委ねるのは、自由主義者にはとうてい容認できない。

温情的配慮

自由は、責任ある個人だけが要求できるものである。狂人や子供の自由に正当性があるとは考えない。したがって、責任ある個人とそれ以外との間に線引きをしなければならないが、この時点ですでに、自由という目標には本質的な曖昧さが潜んでいることがわかる。そして責任をとれないとみなされた人たちについては、政府が否応なく温情的干渉をしてくる。

いちばんわかりやすいのは、狂人の場合だろう。狂人に自由を認めたくはないが、しかし射殺したくはない。誰かが自発的に狂人を住まわせ世話をしてくれるなら大変ありがたいことであるが、そうした慈善事業的なやり方に頼ることは適切と言えるのだろうか。たとえば私が狂人の世話をすれば他の人が恩恵を受け、そこには測定しにくい外部効果が発生する。この点を考えただけでも、慈善活動に頼るのは不適切と言えよう。こうした理由から、狂人の世話は政府を通じて行うのが望ましいと考えられる。

子供の場合は、ことはそう簡単ではない。社会における最小単位は、実際には個人ではなく家族である。しかし家族を最小単位として認めるのは、何か理論的裏付けがあってのことではなく、便宜上の理由が大きい。子供を守り、自由を与えるにふさわしい責任ある年齢まで育て上げるのは、両親が最適任だと考えられている。しかし両親といえども、子供たちにしたい放題をすることは認められない。ゆくゆくは責任ある個人になる子供たちなのだから、その基本的な権利は守られるべきだと自由主義者は考える。

いささか無神経な表現かもしれないが、子供は消費財であると同時に未来の社会の責任ある構成員である。自分の経済資源を好きなように消費する自由の中には、子供を持つために消費する自由が含まれている。言うなれば消費の特殊な形として、子供というサービスを買うのである。だがひとたびこの選択をしたのちは、子供はそれ自体としての価値と自由を持つようになる。子供の自由は、けっして親の自由に属するのではない。

政府が介入の理由に温情的配慮を持ち出すのは、多くの点で自由主義者にとってじつに好ましくない。政府が介入するのは、当事者に代わって別の誰かが決断することを是認しているからだが、自由主義者にとってこれは受け入れ難い考え方である。これは、反自由主義者すなわち共産主義者、社会主義者、福祉国家論者などに共通する考え方なのだ。だが残念ながら、この好ましくない事態を受け入れるしかないようだ。ある程度の温情的措置は、避けられないのである。イギリスの法学者アルバート・ダイシーは、精神障害者を保護する法律について、一九一四年に次のように書いた。「精神障害者保護法は、健常者がやらざるを得ない措置の第一歩である。だが行きすぎになれば、個人の自由を大幅に制限しない限り解決できないような事態に追い込まれるだろう*」。かと言って、どこで歯止めをかければいいという公式などないから、自分たちの危なっかしい判断力に頼るほかない。そして決断を下したあとは、周囲を説得するなり、周囲から誤りを指摘してもらうなり、互いの能力に頼ることになる。先入観から逃れられない不完全な人間である私たちは、自由な討論と試行錯誤を通じて合意に達するしかないのであって、この場合に限らずどんな場合でも、こうして達した合意を信頼し重んじなければならない。

結論

法と秩序を維持する、財産権を明確に定める、財産権を含む経済のルールを修正できるようにする、ルールの解釈を巡る紛争を仲裁する、契約が確実に履行される環境を整える、競争を促す、通貨制度の枠組みを用意する、技術的独占に歯止めをかける、政府の介入が妥当と広く認めるほど重大な外部効果に対処する、狂人や子供など責任能力のない者を慈善事業や家族に代わって保護する――これだけのことをしてきた政府は、明らかに今後も重要な役割を果たすべきだと考えられる。筋の通った自由主義者は、けっして無政府主義者ではない。

とは言え政府の役割には、はっきりと制限を設けるべきだ。現在アメリカで連邦政府や州政府が行っている事業、あるいは先進各国の政府が手がけている事業の多くは、やめるべきである。以下の章では、政府事業をいくつか取り上げてくわしく論じていく。二、三についてはすでに触れたが、本章を終えるにあたり、現在アメリカで政府が行っている事業の中から、これまでに述べた原則に照らすと政府がやる理由はないと思われるものを挙げておくことにする。このリストから、政府に委ねてよい仕事・委ねるべきでない仕事に関する自由主義者のおよその考え方がおわかりいただけるだろう。

(1)農産物の買取保証価格（パリティ価格）制度。

(2)輸入関税または輸出制限。現在行われている原油輸入割当、砂糖輸出割当などがこれに

＊A.V. Dicey, *Lectures on the Relation between Law and Public Opinion in England during the Nineteenth Century*(2nd. ed., London: Macmillan & Co., 1914), p. li.

当たる。

(3)産出規制。政府による農作物の作付面積制限、テキサス鉄道委員会による原油の生産割当など。

(4)家賃統制、全面的な物価・賃金統制。前者はニューヨークで現在も実施されている。後者は第二次世界大戦中と戦争直後に行われた。

(5)法定の最低賃金や価格上限。商業銀行の要求払い預金の法定最高利率はゼロである。また、貯蓄性預金・定期預金の最高利率は法律で定められている。

(6)細部にわたる産業規制。銀行に対する詳細な規制、州際通商委員会による輸送産業の規制など。当初鉄道に規制が導入されたときは技術的独占を防ぐという理由があったが、いまではどの輸送機関についてもそうした理由は見当たらない。

(7)連邦通信委員会によるラジオとテレビの規制。(6)と似た例ではあるが、検閲や言論の自由に関わるため、とくに言及すべきと考える。

(8)現行の社会保障制度、とくに老齢・退職年金制度。所得の一定比率を退職年金の購入に充て、かつそれを公的機関が運用する年金基金から購入することを事実上強制している。

(9)事業・職業免許制度。州や市で実施されている。免許を得るために、その事業・職業に就きたい者が払ってもよいと考える課金以上の負担がかかる場合が問題である。

(10)いわゆる公営住宅および、住宅建設を奨励するための補助金制度。連邦住宅局（ＦＨＡ）や復員軍人局（ＶＡ）による抵当保証などがこれに当たる。

(11)平時の徴兵制。自由市場にふさわしいのは、志願兵を募って雇う方式である。必要な人員を集めるコストがいくらかかるにせよ、それを払わずに済ますことは正当化できない。現在のやり方は不公平かつ裁量的で、若者が人生を設計する自由を大幅に阻害している。しかも、市場で行うよりも高くつくと考えられる（戦時に備えて予備役を確保するための一般軍事教練はまた話が別であって、自由主義の立場からも認めてよかろうと思う）。

(12)国立公園（すでに述べたとおり）。

(13)営利目的での郵便事業の法的禁止。

(14)公有公営の有料道路（すでに述べたとおり）。

なお、以上はごく一部に過ぎないことをお断りしておく。

第3章

国内の金融政策

Control of

CHAPTER 3 The C
Money

「完全雇用」と「経済成長」は、過去数十年にわたり、政府が経済への関与を拡大する格好の口実になってきた。政府の言い分はこうだ——市場経済は本来的に不安定である。放任しておくと好況と不況を循環的に繰り返すだろう。したがって、政府が介入して景気を安定させなければならない。とくに一九三〇年代の大恐慌の際にはこうした主張がまかり通り、アメリカでニューディール政策が生まれるにいたった。他国でも同じように政府の干渉が強まっている。最近では「経済成長」を大義名分に掲げる例が多い。冷戦に備えて経済を拡大させ、東西陣営いずれにも属さない国々に対し、民主主義は共産主義より成長スピードが速いことを示すのが政府の役目だという。

こうした主張は全然正しくない。大恐慌も、他の時代に発生した大量失業も、実際には政府の経済運営の失敗が原因で発生したのである。けっして市場経済が本質的に不安定だからではない。金融政策の任にあったのは政府が設置した連邦準備制度だが、一九三〇年と三一年にじつにまずい対応をしたため、本来ならゆるやかな景気収縮程度で済んでいたものが災厄になってしまった（くわしくは後段を参照されたい）。今日のアメリカでも、政府の施策が経済成長をひどく妨げている。関税その他の貿易障壁、重い税負担に複雑で不公平な税制、たくさんの規制委員会、政府による物価・賃金統制……。こうした施策のせいで国民は資源の使い方を誤り、また蓄えた資金を不適切に投資するようになる。経済の安定のためにも成長のためにもいま必要なのは、政府の介入を減らすことであって、断じて増やすことではない。

介入を減らしたとしても、経済に関して政府には重要な役割がまだ残っている。自由経済のために安定した通貨の枠組みを用意することだ。この仕事は、法と秩序を維持するという政府の役割の一部であるから、政府を活用するのが望ましい。個人が望めば経済活動に貢献できるような法律と経済の枠組みを用意することも、政府の役割とするのがよいだろう。

経済の安定に関わる政策は、主に金融政策と財政政策である。本章では一国の金融政策を、次の第4章では国際金融政策を、そして第5章では財政政策を論じる。

金融政策を巡っては、二つの固定観念がある。一つは、金準備と通貨供給量を連動させる完全に自動的な金本位制の実施は可能でありかつ望ましく、このような制度の下では、個人間・国家間の取引や協力が安定した環境で円滑に促進されるという考え。もう一つは、予測不能な状況に対応するためには、専門家集団にかなりの自由裁量を与えなければならないという考えである。そうした専門家集団は政府から「独立」した中央銀行内に置かれてもいいし、何らかの官僚組織に置かれてもよいという。どちらの固定観念も広く支持されているが、私には受け入れ難い。この二つを避けるにはどうしたらいいかを論じることが本章と次章の目的である。実際、これまでにどちらのやり方も満足のいく成果を上げていないし、今後も上げられるとは思えない。

自由主義が根本的に恐れるのは、権力の集中である。ある人の自由が他の人の自由を妨げない限りにおいて個々人の最大限の自由を守ることを、自由主義者はめざす。この目標を実現するためには権力の分散が必要だというのが自由主義者の考えだ。市場を通じてできることを政府がやっているとしたら、何によらず疑ってかからなければならない。そこでは自発的な協力に代わって強制が行われるのが常だし、政府の役割が拡大すれば、他の分野でも自由が脅かされかねないからである。

だが権力分散が必要になったとき、とりわけ厄介なのが通貨の問題である。一国の通貨にはいやしくも政府が何らかの責任を負うべきだと多くの人が考えている。その一方で、通貨の掌握が経済運営を左右する強力な手段となり得ることも、広く認識されている。「ある社会を破壊する最も効果的な方法は貨幣を破壊することだ」というレーニンの有名な言葉は、このことをいささか芝居がかって表現したものだ。太古の昔から国王や皇帝は、貨幣を支配する力でもって広く人民から重税を取り立ててきた。通貨発行権を握っている限り、たとえ立法府が置かれていても、承認など得ずに税を徴収することができたからである。古代の国王は、金貨の縁を削りとるといった方法を使った。現代では紙幣を印刷するとか、さらには帳簿上の付け替えをするといった高度な手法を駆使する。が、いずれにせよ古代から現代にいたるまで、通貨を掌握すれば税の徴収ができることは変わらない。したがって、通貨に関する責任を政府が全うできるような制度を整える一方で、それに伴う権限を制限することが重要である。政府の権限が社会の自由を損なう方向で行使されないよう、配慮しなければならない。

商品本位制

歴史を振り返ると、商品本位制ほど、地域によって、また時代によってめまぐるしく変化した制度はほかにない。金、銀のほか、真鍮、すず、タバコ、ブランデーといった品物が貨幣として使用されてきた。貨幣がすべてこうした品物で成り立つとしたら、政府による管理は、原理的にはまったく不要になる。世の中に出回るお金の量は、貨幣代わりの品物を生産するコストに応じて決まるからだ。つまり通貨供給量は、物品貨幣の生産条件と需要の変化だけに左右される。これは、自動的な金本位制の支持論者にとっての理想像である。

とは言え実際の商品本位制は、政府の介入を必要としないような単純な仕組みにはほど遠かった。歴史に登場する商品本位制、たとえば金本位制や銀本位制の下では、必ず何らかの形で信用貨幣が発達している。信用貨幣とは、名目上は一定交換率で物品貨幣に交換できるという取り決めの下に発行される貨幣である。このような貨幣が発展したのには、もっともな理由がある。社会全体からみると、商品本位制には根本的な欠点があるからだ――通貨供給量を増やすには、実物の資源が必要だということである。フォートノックスの金庫に寝かせておくためだけに、南アフリカの地中に眠っている金をせっせと掘り出して運ばなければならない。となれば、実物資源なしで商品本位制を運用して同じ効果を上げる方法はないか、探したくなるのは当然だろう。たとえば「本位商品である銀xグラムを支払うことを約束します」と印刷した紙切れを受け取ってもらえるなら、この紙切れは銀の実物と同じ役割を果たすことになる。しかも紙切れの印刷に必要な資源は、銀を掘り出すよりはるかに少なくて済む。こうならざるを得ないのが商品本位制の重大な欠点だと言えよう。この問題は別の論文でくわしく論じたので参照されたい。*

もしも商品準備高と通貨供給量を連動させる、言わば自動商品本位制が実現したら、自由主義者が直面するジレンマを解決するすばらしい制度となったにちがいない。政府が通貨発行権を濫用するおそれなしに、安定した通貨の枠組みが実現したと考えられるからだ。たとえば、国内で流通するのがすべて金貨であるような純粋な金本位制が広く国民に支持されたとしよう。そして国民は制度のメリットをよく理解しており、政府が介入して何らかの操作を行うのは不適切で好ましくないと考えているとする。その場合には、政府は通貨を操作したり、場当たり的な通貨政策をとったりすることは、できなくなるはずだ。したがってこの制度の下では、通貨に関する政府の権限はごく限られたものとなるだろう。だが先ほど述べたとおり、完全自動の制度はかつて実現したことがなく、物品貨幣に加えて信用貨幣が混在する制度へと向かうのが常だった。信用貨幣は具体的には銀行券や預金通貨あるいは政府紙幣などで、信用で流通する。ひとたびこうした信用貨幣が登場すると、たとえ当初は民間機関が発行したものであっても、いずれ政府が管理するのは避けられないことを歴史が証明している。理由は、要するに、偽造や乱発などを防ぐのがむずかしいからだ。信用貨幣は本位貨幣を払うことを約束した契約書とみなすことができるが、契約の締結から履行までの期間がたいていはかなり長いため、契約を確実に履行させるのがむずかしく、偽の契約書を発行する輩も現れやすい。そのうえ、一度信用という要素がもちこまれると、政府は自ら信用貨幣を発行したがるようになる。かくて商品本位制は、実際には国家が広範に干渉する混成的な制度になりがちだった。

金本位制は大勢の人に支持されてはきたが、いま述べたような金貨だけの金本位制を本気で望む人はほとんどいないことに注意してほしい。金本位制が望ましいと言う人が思い浮かべるのは、まずまちがいなく、現在の制度か一九三〇年代に維持されていた制度である。それらは中央銀行その他の政府機関が管理する制度であって、あの誤解を招きやすい表現をあえて使

＊*A Program for Monetary Stability* (New York: Fordham University Press, 1959) pp.4-8.

うなら、信用貨幣の「裏付け」としての一定量の金しか中央銀行が保有しない制度である。またには、一九二〇年代の金本位制、すなわち金または金証券が流通貨幣となる金貨本位制を望む人もいるかもしれない。だがこの制度を支持する人も、政府が信用貨幣を発行することや、金なり信用貨幣なりの形で部分的にしか支払準備を持たない銀行が預金を貸し出すことは認めている。さらに言えば、イングランド銀行がみごとな手腕を発揮していたとされる一九世紀の金本位制全盛期でさえ、完全に自動的に運用されていたとはとても言えない。実態は管理通貨制度だった。そして現在では「完全雇用」の実現を口実に、多くの国が通貨管理を一段と強めている。

以上の点から、私は次のように結論する。完全に自動的な商品本位制は実現不能であり、また自由社会の通貨制度として望ましくもない。実行不能と考えるのは、商品本位制が機能するうえで必要な絶対的な信頼感が得られていないからである。そして望ましくないのは、物品貨幣をつくるには資源が必要で、膨大なコストがかかるからである。

いま述べた歴史的検証だけでなく、アメリカ固有の事例をみても、この結論を裏付けることができる。アメリカは南北戦争終了後の一八七九年に金の兌換を再開し、一九一三年まで金本位制を維持した。第一次世界大戦後に採用された金本位制に比べればずっと自動的に近い制度ではあったが、それでもなお、完全な金本位制にはほど遠い。政府は紙幣を発行していたし、民間銀行は預金を貸し出すという形で流動性を供給していた。そして国法銀行は通貨監督官に、州法銀行は州の銀行当局に管理されるといった具合に、銀行は政府機関に厳しく規制されていた。金は、金貨または金証券の形で財務省・銀行・個人のいずれかが保有していたが、その量は年によって多少変動はしたものの、せいぜい通貨供給量の一〇～二〇％を占めていたに過ぎない。残り八〇～九〇％は銀、信用貨幣、そして金準備の裏付けのない銀行預金だった。

いま考えれば、この制度はなかなかうまく機能していたと言えるかもしれない。だが当時の人々は全然そう思っていなかった。一八九六年の大統領選挙では、金本位制の維持を主張する対立候補に対してウィリアム・ブライアンが金銀複本位制を主張し、「人民を金の十字架にかけるな」と演説して大喝采を博している。このこと一つとっても、一八八〇年代のアメリカ国民が満足していなかったことは明らかだ。しかし複本位制を主張するこうした煽動的な論調が、一八九〇年代前半の深刻な不況を引き起こした主因だったかもしれない。と言うのも、いずれアメリカは金本位制を離脱しドルは他国通貨に対して下落するだろう、との懸念を広める結果となったからである。そしてドルからの逃避と資本の国外流出が発生し、国内はデフレに苦しむことになった。

一八七三年、八四年、九〇年、九三年と金融恐慌が頻発するにいたって、広く産業界も金融業界も、銀行改革が必要だと考えるようになる。一九〇七年の恐慌では、各地の銀行がそろって預金の現金払い出しを停止したせいもあって金融制度に対する不満が噴出し、政府の対応が急務だとする声が高まった。そこで議会は国内金融委員会を設置。一九一〇年に出された同委員会の勧告に基づく連邦準備法が、一九一三年に可決成立している。連邦準備法に沿って行われたさまざまな改革は、労働階級から銀行家にいたるまで社会のあらゆる階層に支持され、また超党派の賛同を得た。なにしろ国内金融委員会の長は共和党のネルソン・オルドリッチ、連邦準備法の制定に尽力したのは民主党の上院議員カーター・グラスだったのである。

だが連邦準備法は、結果的に起草者や支持者の意図をはるかに超える変化を金融制度に引き起こすことになった。同法が可決された当時の世界では金本位制が君臨しており、完全に自動的ではないものの、それ以降に比べればずっと理想に近い形で運営されていた。金本位制が未来永劫維持されて連邦準備制度の権限は自ずと制限されると誰もが考えており、それが制度構築の大前提だったのである。ところが連邦準備法が成立した直後に第一次世界大戦が勃発し、各国は次々に金本位制を放棄する。そして戦争が終わる頃には、連邦準備制度はすっかり様変わりしていた。もともとは金本位制に付随する制度として設計され、通貨の交換性の保証や銀行の規制監督が任務だった連邦準備制度は、いつの間にか強力な裁量権を持ち、アメリカ国内の通貨供給量を決定するほか、国際金融情勢にまで影響力を行使できる制度に変貌していたのである。

金融当局の裁量権

連邦準備制度の設立は、アメリカの通貨制度における一大改革と言えるだろう。少なくとも、南北戦争中に制定された国法銀行法以来の大きな改革である。かつて中央銀行の役割を果たしていた第二次合衆国銀行は一八三六年に廃止されており、それ以来初めて、通貨について明確な任務を持つ公的機関が誕生したのである。連邦準備制度には、その任務上、通貨価値を安定させる、少なくとも大幅な変動を防ぐために必要な権限が与えられていた。では、連邦準備制度ができる前と後とで何が変わっただろうか。それを知るには、ほぼ同じ長さの期間を二つとって総合的に比較検討するのがよかろう。ここでは設立前として南北戦争終結後の一八六六年から一九一四年まで、設立後として一九一四年から現在（一九六二年）までを取り上げ、両者を比較してみることにする。

通貨供給量、物価、国内総生産いずれをとっても、明らかに制度設立後の方が変動が大きく、経済は不安定だったと言える。その一因として、この期間は二度にわたる世界大戦の影響を受けたことが挙げられよう。どんな通貨制度でも、世界的な戦争があればどうしても不安定になる。だが戦争中と戦後すぐの期間を除いて、たとえば一九二〇〜三九年、四七年〜現在までの平時だけを取り上げても、結果は変わらない。通貨供給量、物価、国内総生産は、制度設立後の方が、設立前よりも不安定なのだ。国内総生産の変動が最も大きかったのは、両大戦の谷間の時期である。この時期には一九二〇〜二一年、一九二九〜三三年、一九三七〜三八年と深刻な不況が三度もあった。二〇年間に深刻な不況が三度もあった例は、アメリカ史上ほかにない。

もちろんこんな乱暴な比較だけで、この制度が通貨の安定に貢献できなかったことを証明したと言うつもりはない。連邦準備制度が扱った問題は、以前の制度が直面した問題よりずっと深刻だったのかもしれないし、同じ問題が以前の制度下で起きていたら、もっとひどい金融不安を引き起こしていたかもしれないからだ。それでもこの比較を前にして、いま一度考えてみてほしい。広範な影響力と強大な権限を持ち長年存続してきた機関、つまり連邦準備制度のような機関は、当然ながら与えられた任務を期待通りそつなくこなし、所期の目的をきちんと果たしているものとつい考えやすい。が、ほんとうにそうなのだろうか。

私自身は、過去の例を広く調査した結果、先の比較で明らかになった経済安定性の差は金融制度の違いに起因すると考えるようになった。過去の事例から判断する限り、第一次世界大戦中と終戦直後に起きた物価騰貴は、その三分の一は連邦準備制度に原因がある。以前の銀行制度がそのまま維持されていたら、あれほどの物価騰貴は発生しなかっただろう。また一九二〇～二一年、一九二九～三三年、一九三七～三八年の三度にわたる不況があそこまで深刻化したのは、連邦準備制度がやるべきことをやらず、やるべきでないことをしたからで、以前の通貨・銀行制度下ではああはならなかったはずだ。景気後退という程度のものであれば、あの時期にも別の時期にも発生したであろう。だがあれほど深刻な不況にまで進行した可能性は、きわめて低い。

残念ながら、ここでそれを立証するには紙面が足りない。* 経済における政府の役割につい

* *A Program for Monetary Stability*, Milton Friedman and Anna J. Schwartz, *A Monetary History of the United States, 1867-1960* (Princeton University Press for the National Bureau of Economic Research).

て世論を形成する（私に言わせれば、歪ませる）契機となったのは一九二九～三三年の大恐慌なので、ここでは大恐慌を取り上げ、過去の事例が何を教えてくれるのかをくわしく論じることにしよう。

一九二九年一〇月二四日木曜日に始まった株式市場の大暴落は、前年からこの年にかけて続いていた上げ相場にとどめを刺した。暴落があまりにも衝撃的だったためか、これが大恐慌の引き金になったと言われることが多い。それどころか、主因にまでされがちである。だがどちらも正しくない。景気が天井を打ったのは一九二九年半ばで、暴落より数カ月も前である。天井を打つのが早かったのは、株の「投機」を防ごうとして連邦準備理事会が金融をかなり引き締めたからとも考えられるので、株式市場は間接的ながら景気収縮のきっかけをつくったとは言えるだろう。また、株価の暴落が企業の景気信頼感と個人の消費意欲に作用し、景気動向に悪影響をおよぼしたことはたしかだ。だがそれだけでは、経済活動に破壊的な打撃を与えるにはいたらなかっただろう。アメリカでは経済成長を中断させる緩やかな景気後退期が何度かあったが、それが多少長く深刻になった程度の景気収縮で済んでいたと見込まれる。まちがっても、あのような災厄にはならなかったはずだ。

最初の一年ほどは、のちに現れるような破滅的な徴候は何もなかった。株価が暴落したことに加え、一九二八年半ばから続けられてきた異例の金融引き締めが効いてきたからだろう、通常の景気後退の初年度に比べればやや深刻ではあった。が、通常の景気後退とは異質のものだと思わせる徴候も、大々的な破局に突き進む気配もなかったのである。「Aの次にBが起きた、よってAはBの原因である」といった短絡思考でもしない限り、一九三〇年九月か一〇月の時点では、近いうちに必ず大幅な景気後退が起きて数年も続くなどとはまったく予想できなかった。いま振り返ってみると、連邦準備理事会はあの時点で通貨供給量の減少を防ぐ策を講じるべきだったとは言える。一九二九年八月から三〇年一〇月にかけて通貨供給量は三%近く減ったが、過去最大級の景気収縮時を除き、どの景気後退期にもこれほど減ったことはない。この点はたしかに連邦準備理事会の判断ミスである。しかしこれはまず許される範囲と言ってよく、決定的な過ちではなかった。

景気収縮の性格ががらりと変わったのは、一九三〇年一一月である。銀行の倒産が相次ぎ、各地で取り付け騒ぎが起きた。人々はこぞって預金を引き出そうと窓口に殺到し、一九三〇年一二月一一日にニューヨークのユナイテッド・ステーツ銀行が破綻。同行は二〇〇〇万ドル以上の預金量を誇る全米最大の銀行だったうえ、名前からして国外の人々はもちろん多くのアメリカ国民まで国営銀行だと誤解した（実際には一般の都市銀行である）ことが、命取りになった。

一九三〇年一〇月以前には、取り付け騒ぎの徴候、すなわち銀行に対する信頼が揺らぐ兆しは何もなかった。ところがこのときを境に、米経済は相次ぐ取り付け騒ぎに悩まされることになる。銀行の連鎖的倒産はやがておさまるが、何かのはずみで名の知れた銀行が破綻すれば新たに取り付け騒ぎが始まるという状態になった。銀行の倒産自体は思うほど重大な問題ではないが、通貨供給量に与える影響は重大だった。

アメリカで導入されていた部分準備制では、銀行は一ドルの預金に対して一ドル相当の準備を手当てするわけではない。したがって「お金を預ける」という表現は、正確とは言えない。実際には現金一ドルを銀行に預けると、銀行は一五セントか一二セント程度を現金で残し、残りは誰かに貸してしまう。借りた人は、それを使わずに銀行に預けてもいい。こうしたことが次々に起きると、銀行は準備高の何倍もの預金債務を負うことになる。手元現金を銀行に預ける比率が高まるほど、元の現金に対して通貨供給量（現金＋預金）は膨らむ。こういう状況で大勢の預金者が現金を取り返そうとすれば、追加で現金が創出され銀行に送り込まれない限り、膨らんだ通貨供給量はしぼむ。あるいはどこかの銀行が預金の払い出しに応じようとして、貸付金を厳しく取り立てる、保有証券を売り払う、他行に預け入れた預金を引き出すなどの策を遮二無二講じ、他の銀行を脅かす。するとこれらの銀行がまた別の銀行に同じことをするといった具合で、放っておけばこの悪循環は次々に拡がる。銀行は現金に換えようとして株や債券の価格を押し下げ、本来なら健全だった銀行まで破綻に追い込み、銀行に対する預金者の信頼を揺るがせ、そしてまたぞろ取り付け騒ぎを引き起こす。

連邦準備銀行制度が発足する前の時代にはまさにこうした状況で銀行恐慌が起き、たとえば一九〇七年には預金払い出しの一斉停止が行われている。支払停止のような荒療治は、一時的に事態を一層混乱させはするが、治療効果はある。二、三の銀行の破綻が他行を圧迫し本来健全な銀行まで巻き添えにするのを食い止めるので、連鎖倒産を防ぎ、悪循環を短期間で終わらせられるからだ。数週間か数カ月のうちに事態が鎮静化すれば、支払停止は解除され、通貨供給量の大幅縮小は起きずに経済は回復へ向かう。

すでに述べたように、連邦準備制度がつくられた主目的の一つは、このような事態に対処することにある。預金を引き出そうとする動きが拡がったとき、同制度には現金供給量を増やす権限が与えられていたし、銀行の資産を担保に現金を貸し出すこともできた。だからパニックの発生を食い止められ、預金の支払停止措置をとる必要もなく、金融危機に伴う悪影響も十分防止できると期待されていた。

連邦準備制度に与えられたこうした権限が初めて必要になったのが、一連の銀行倒産後の一九三〇年一一月と一二月である。このときが、この制度にとって効果のほどを問われる最初の試験になった。この試験に、連邦準備制度はもののみごとに落第する。市中銀行に流動性を追加供給する措置を一切とらなかったのだ。どうやら銀行の倒産に何か手を打つ必要があるとは考えなかったらしい。この失敗は、適切な権限が与えられなかったからではなく、権限を行使する意思がなかったからだという点を強調しておかねばならない。このときも、またその後も、預金者からの預金引き出し要求に応じて銀行に現金を供給する権限が同制度には保証されていた。その権限を行使していれば、倒産の連鎖に歯止めをかけ、金融危機を避けられたにちがいない。

この第一波の連鎖倒産は徐々におさまり、一九三一年初めには信頼感回復の兆しがみえてくる。すると連邦準備理事会はこの機を捉え、市中銀行への貸付残高を減らした。つまり、通貨供給量をゆるやかに減少させ、経済の自律的な拡大を抑えにかかったのである。それでも景気回復のはっきりした徴候が、金融部門だけでなく経済の広い範囲に現れた。三一年の年初から四、五月までのデータを、その後の展開とは切り離して分析する限り、景気が底を打ち拡大局面が始まったと判断できる。

しかし、この景気回復はごく一時的なものだった。再び銀行の倒産をきっかけに各地で取り付け騒ぎが発生し、通貨供給量が減少する。このとき、連邦準備理事会はまたしても傍観した。「最後の貸し手」であるはずの連邦準備銀行の帳簿をみると、前例のない銀行制度の崩壊を目の当たりにしながら、市中銀行への貸出量はむしろ減っていることがわかる。

そして一九三一年九月、英国が金本位制から離脱する。それ以前から始まっていたアメリカからの金の引き出しは、その後も続いた。これに先立つ二年間アメリカには金が流入し、金保有高と金準備率は過去最高の水準に達していたのだが、それでも連邦準備制度は、金の国外流出にすばやく強力な対抗手段を講じる。国内の通貨供給不足には無策だった連邦準備制度が、である。しかもそれは、国内の金融事情を確実に悪化させるようなやり方で行われた。二年以上におよぶ深刻な景気収縮のあとだというのに、公定歩合すなわち連邦準備銀行から市中銀行に貸し出すときの基準金利を引き上げたのである。あれほどの短期間であれほど大幅な利上げが行われた例はアメリカの金融史上初めてであり、現在にいたるまで類似の例は出現していない。この措置で、金の流出は止まった。だが、銀行倒産と取り付け騒ぎのとめどない連鎖を引き起こし、一九三一年八月から翌三二年一月までの半年間で、銀行のほぼ一〇行に一行が支払停止に追い込まれる。市中銀行の預金量は、一五％も落ち込んだ。

一九三二年に一時的な政策転換が行われ、国債一〇億ドルの買い取りなどが実施されて、危機の進行はいくらか減速する。これを三一年にやっていればまずまちがいなく危機は回避できたはずだが、三二年では遅すぎ、焼け石に水でしかなかった。そして連邦準備制度が再び消極姿勢に戻ると、せっかくの一時的回復に続いてまたもや危機が進行し、ついには三三年の銀行休業という事態に立ちいたる。アメリカ中の銀行が、一週間にわたって休業したのだ。過去には預金の支払停止が銀行の破綻を防いでいたことを思い出してほしい。連邦準備制度はこの支払停止の回避を主目的として設立された制度である。その制度が、まずは国内の銀行のほぼ三分の一を消滅させ、次には一斉支払停止を行ったのだ。しかもこの支払停止たるや、制度導入前に行われていた支払停止よりはるかに大々的かつ徹底的なものだった。ところが自己弁護の能力というものは、どうやら無尽蔵であるらしい。連邦準備理事会は、三三年の報告書に次のように書いたものである。「各地区の連邦準備銀行は、恐慌中の膨大な通貨需要に応え、連邦準備法の下での通貨制度がいかに効率的かを証明した（中略）。公開市場操作による潤沢な資金供給を行われていなかったら、恐慌がどれほど深刻化していたかわからない」。

おおざっぱにまとめると、一九二九年七月から三三年三月までの間にアメリカの通貨供給量は三分の一減少した。減少のうち三分の二は、英国の金本位離脱後に起きている。通貨供給量の減少は食い止めるべきだったし、それは十分に可能だったと考えられる。もしそれができていたら、不況はもっと短く、もっと穏やかだっただろう。過去の不況に比べればいくらか深刻ではあったかもしれないが、通貨供給量の大幅縮小がなかったら、四年間で所得が半分以下に減ったり物価が三分の二になったりするような事態には、まずならなかったはずだ。私の知る限りでは、どの国のどの時代にも深刻な不況は必ず通貨供給量の減少を伴っているし、逆に通貨供給量の大幅減は、必ず深刻な不況を引き起こしている。

アメリカで発生した大恐慌は、市場経済が本質的に不安定であることを示すものではない。大恐慌は、一握りの人間が一国の通貨制度に強大な権限を振るうとき、そこで判断ミスがあったらどういうことになるかを示したのである。

当時の金融知識を考慮するなら、これらの失敗は致し方なかったと言えるかもしれない――私はそうは思わないが。だが、許せる失敗かどうかは問題ではない。ごく少数の人間にあまりに多くの権限と裁量を与え、その失敗が、たとえ無理もない失敗だとしてもあれほど重大な結果を引き起こす可能性があるとしたら、それは悪い制度である。まず、自由を重んじる立場からみて悪い制度である。一握りの人間に権力を集中させ、合議などによるチェックが働かないからだ。これが、中央銀行の「独立性」に私が反対する政治上の理由である。加えて、自由より確実性を重んじる立場からみても悪い制度である。責任は分散させながら権力だけが少数の人間に集中し、したがって、その人たちの知識や能力に高度な政策判断が委ねられるような制度では、容認できる失敗にせよそうでないにせよ、とにかく失敗は避けられないからだ。これが、中央銀行の「独立性」に私が反対する現実的な理由である。クレマンソーはかつて「戦争は将軍に任せておくには重大すぎる」と言った。この言葉を借りるなら、通貨は中央銀行に任せておくには重大すぎる。

金融政策のルール化

完全に自動的な金本位制がうまく機能せず、独立の金融当局に大幅な裁量権を与えるのもよくないとなれば、安定した通貨制度を確立するにはどうしたらいいだろうか。望ましいのは、政府の無責任な干渉を受けない安定した制度、市場経済に必要な通貨の枠組みは用意するが、経済的・政治的自由を脅かすような権力を生まない制度である。

これまでに示したことから考えられる唯一有望な方法は、金融政策のルールを法制化し、人間の裁量ではなく法律の規定に従った政策運用を行うことである。そうすれば国民は議会を通じて金融政策ににらみを利かせることができ、しかも金融政策が政治家の気まぐれに翻弄されることはない。

金融政策について一定のルールを法制化する問題は、見かけはずいぶん違うけれども、言論・出版の自由を求めた憲法修正第一条を巡る議論とよく似ている。通貨管理の法制化を求める声は、いつも判で押したような反論に遭う。金融当局は、ルールに定めるようなことだけでなくそれ以外のこともしようと思えばできるのだから、ルールよりうまくやれるのは「確実」だ。だから法律でもって当局に手枷をかけるような真似をするのは不合理だというのである。この主張を議会に当てはめればこうなる——議会はルールを決める気になったら、個々のケースごとに「適切」なルールを定める方式を選ぶことができる。とすれば、政治の無責任な関与を防ぐルールを決めるには及ばない、という理屈である。

この議論はほとんどそのまま、修正第一条に、というよりむしろ権利章典全体（修正第一条から第一〇条まで）にも当てはまるだろう。たとえば、言論の自由への干渉を一律に禁止するのはおかしい、個々のケースごとに吟味して決めればよいではないか、という主張が成り立つ。この主張は、金融当局に手枷足枷をかけるのはよくない、何か問題が起きたらその都度対応できるよう自由裁量の余地を残すべきだ、という例の議論とよく似ている。言論の自由についてそうした主張が成り立たない理由を説明しよう。たとえばある人は街頭で産児制限を訴えたいと言い、ある人は共産主義を、またある人は菜食主義を呼びかけたいという具合に、主張したいことは人それぞれである。では、それぞれの主義主張を認めるかどうか、個別に法律で定めればいいではないか。それが煩雑なら、個別に決める権利を行政機関に与えればよい。なぜ、そうしてはいけないのか。答は、もし個別に取り上げたら、ほとんどのケースで言論の自由が否定されかねないからである。産児制限を街頭で訴えてよいかどうかを採決にかければ、まず確実に過半数が反対票を投じるだろうし、共産主義についても同じ結果になるだろう。菜食主義はひょっとすると認められるかもしれないが、これとて絶対確実というわけではない。

だがこれらのケースを一括りにし、全体についての国民投票を行ったらどうだろうか。つまり言論の自由をそっくり認めるか認めないかを投票してもらう。この場合、圧倒的多数が言論の自由に賛成票を投じる可能性が高い。いや、私のみるところほぼ確実である。つまり全体を考えるときと個々のケースを考えるときとでは、人は正反対の行動をとることになる。なぜだろうか。理由の一つは、人は自分が多数派のときに他人の言論の自由を奪うのは平気でも、自分が少数派のときに言論の自由を奪われるのは大いに気になるからだ。したがって全部のケースを一まとめにしたとき、他人の言論の自由のうち気にくわないものが多々あっても、自分の言論の自由が否定されるかもしれない可能性をはるかに重大視するのである。

理由はもう一つある。個々のケースを一括りにすれば、全体像に気づく――木を見ていては気づかなかった森が見えてくる、ということだ。たとえば街頭演説の可否だけが採決に付されたら、おそらく投票者は、広く言論の自由が認められるということがどれほどすばらしいかには思い至るまい。街頭演説を認める法律がなければ街頭で自由に演説できない社会とは、新奇な考え、試み、改革などを訴える運動が何かと邪魔されかねない社会なのだということが、見通せないのである。そういうことがわかっているのは、言論の自由をまるごと認めた寛大な法律が定められているアメリカに運よく住んでいるからだ。

そして、まさに同じことが金融政策にも当てはまる。個々のケースを取り上げて検討する場合には限られた範囲にしか目が届かず、金融政策の全体像が視野に入らないため、不適切な決断を下してしまう危険性が高い。これに対してあらゆるケースを網羅的に想定したおおまかなルールを決めておけば、人々の行動や期待に好ましい影響がある。ルールがなくても個々のケースにまったく同じ政策がたまたま採用されることはあるかもしれないが、ルールがある場合のような効果は望めない。

それでは何らかのルールを法律に定めるとしたら、それはどんなルールだろうか。自由主義寄りの立場から多く支持されるのは、いわゆるインフレ・ターゲティング、すなわち安定した物価水準の維持を金融当局の任務にすると法律に定めることである。このルールは不適切だと私は思う。金融当局には、自前の手段でもってこの目標を確実に達成するだけの能力が備わっていないからだ。したがって目標達成の責任をどう分担するかという問題が出てくるし、当局の自由裁量の余地がむやみに大きくなるという問題も持ち上がる。金融政策と物価水準の間に密接な関係があることはまちがいないが、両者の間につねに直接的な強い相関関係があるわけではないので、インフレ・ターゲティングが金融政策の指針としてふさわしいとは言えない。

ではどんなルールがよいか。この問題については別の論文*でくわしく論じたので、ここでは結論だけを手短に述べることにしよう。現時点で持ち合わせている知識から判断する限りでは、望ましいのは通貨供給量についてルールを決めておくことである。当面は通貨供給量の伸び率を決めておき、金融当局はこれを達成するよう法律で定めるのがよかろう。この目的に限り、通貨供給量とは「市中銀行の外にある現金＋市中銀行にある預金」と定義する。そして連邦準備制度は、通貨供給量の合計が年率X％増加するように、毎月の推移、できれば毎日の推移を調整する。このXは三〜五％の間が適切だろう。ただし、大切なのは何のどんな増減率を金融政策の対象とするかを決めることであって、こまかい定義や数字はさして重要ではない。

現状でこのルールを適用すれば、金融当局の裁量権は大幅に制限されることになるが、それでも連邦準備制度と財務省には、通貨供給量の一定増の実現方法、国債の管理、市中銀行の監督について、かなりの自由裁量の余地が残されてしまう。したがって一段の金融・財政改革が望ましいことは、他でも指摘したとおりである。こうした改革は十分実行可能であり、実現すれば、貸出・投資活動への政府の介入を排除できるだろう。また、これまでずっと不安定性と不確実性をもたらしてきた政府の金融操作も、妥当で予測可能な性格に変わるはずだ。しかし、何よりもまず通貨供給量にルールを導入し金融当局の裁量権を制限することの方が、はるかに大切である。

なお、私がいま述べたルールが通貨管理の究極の原則であって未来永劫これを守るべきだ、などと言うつもりは毛頭ない。この点は強調しておきたい。私に言えるのは、現時点で持ち合わせている知識に照らせば、通貨の安定をかなりの程度実現するうえでいちばん有望な

＊ *A Program for Monetary Stability, op, cit.*, pp.77-79.

ルールだと思われる、ということだけである。とりあえずこのルールを運用してさまざまな問題に遭遇するうちに、もっとよいルールを定めることができ、目標達成に近づくことができるだろう。金融政策は自由社会の基盤を脅かすのではなく、自由社会の支柱とならねばならない。そのためにとり得る現実的な方法は、いまのところこれしかないように私には思われる。

第 4 章

国際金融政策と貿易

national

Trade

CHAPTER 4 Intern

Financial and Arrangements

国際通貨制度では、異なる国同士の通貨の関係が大きな問題になる。たとえば米ドルを英ポンドに、カナダドルを米ドルに交換するときの比率などがそうだ。この問題は、前章で取り上げた国内通貨の管理と密接に結びついている。また、政府の貿易政策とも切り離しては考えられない。貿易管理は、国際収支に影響をおよぼす一つの手段だからである。

国際通貨制度と経済的自由

国際通貨制度というものは専門的な知識がないとわかりにくい複雑な制度だが、自由主義を奉じる立場からは、この問題を避けて通るわけにはいかない。今日のアメリカの経済的自由にとって当面の最大の脅威は、第三次大戦の勃発というようなことを別にすれば、政府が国際収支の問題を「解決する」ためと称して、経済に大々的に干渉しようとしていることである。だが貿易への干渉はさして有害には見えないのだろうか、政府の経済介入に反対の人でさえ、貿易への介入は支持している。企業にいたっては、これが「アメリカ流」だとさえ思っているようだ。だがかつて行われた政府の介入の中で、これほど広範囲におよび、市場経済に破壊的影響を与えるにいたったものは、ほかにないと言ってよい。直接的な為替管理が市場経済を統制経済に変貌させるきわめて効果的な第一歩となることは、過去の多くの事例をみればわかる。この一歩を踏み出すと、次は必ず輸入割当へ、そして輸入材料を使用する国内産業の規制や代替財を生産する国内産業の管理に進むという具合に、果てしない連鎖が続く。にもかかわらず、バリー・ゴールドウォーター上院議員のようにふだんは自由主義経済を擁護する人でさえ、いわゆる「金の流出」を防ぐには為替取引規制が有効な「治療法」かもしれないなどと言い出す。だがこの治療法は、病気そのものよりはるかに始末が悪い。

この世にまったく新しいものはないように、経済政策にもまったく新しいものはまずないのであって、新しいとされる政策は、かつて日の目を見なかった政策の焼き直しであることが多い。だが私の勘違いでなければ、全面的な為替管理と通貨の交換停止は例外である。そしてこの二つの政策は、その起源からして、独裁体制につながりかねないものだ。これらを考案したのは、ナチス・ドイツ初期に国立銀行総裁だったヒャルマー・シャハトなのである。シャハト以前に通貨の交換の停止が云々されたときは、それはつねに兌換の停止を意味していた。つまり、政府が紙幣を金か銀なり何らかの商品なりに交換することの停止である。政府が法定レートで交換する気がないとかできないということは、過去に何度もあった。しかし、ある国の通貨単位で「これこれを支払います」と約束した紙切れを、別の国の通貨単位で「これこれを支払います」と約束した紙切れ（あるいは貨幣や地金）と交換することを禁じるという意味で不換という言葉が使われた例は、まずない。南北戦争中には戦費調達のためグリーンバック紙幣が発行され、その後の十数年間、流通した。このグリーンバック紙幣は不換紙幣であって、財務省に持って行っても金に交換してもらうことはできない。それでも市中で金を買いグリーンバック紙幣で支払うことは問題なくできたし、英ポンドとグリーンバック紙幣を両者が合意したレートで交換することも、自由だった。

アメリカではこの古い方の意味すなわち金との交換という点では、ドルは一九三三年以来ずっと交換不能だった。そして金の個人保有や売買は禁じられていた。だが新しい方の意味すなわち他国通貨との交換という意味では、ドルが交換不能だったことはない。しかし不幸なことにいまのアメリカは、やがては他国通貨との交換を阻むような政策を採用しようとしている。

アメリカの通貨制度と金

アメリカの通貨制度の中心にあるのは金だという考え方がいまだに主流なのは、時代錯誤と言うほかはない。小麦などの農作物と同じく政府が最低支持価格を保証している商品——これが、アメリカの政策における金の正確な位置づけである。ただし金の価格支持政策は、小麦とは三つの点で違う。第一に、国内の金の生産者だけでなく国外の生産者にも支持価格で支払われる。第二に、その価格で金を売ってよい相手は外国人だけである。国内に買い手がいても売ることはできない。第三に、財務省が金を買うときに払う貨幣は、財務省がつくってよい。言い換えれば、金の代金の分だけ紙幣を印刷してよい。だから、金を買う費用を予算に計上しなくてよいし、したがって議会の承認を得る必要もない。また財務省が金を売却しても、帳簿上で金証券が減るだけで、収入が計上されるわけではない。この第三の点は、かつて金が貨幣の役割を果たしていた時代の名残りと言えよう。

アメリカで金価格が一オンス＝三五ドルという現在の水準に初めて設定されたのは、一九三四年のことである。この価格は、市場価格をかなり上回っていた。そこで当然の成り行きとして、金がアメリカにどっと流れ込んでくる。金の保有量は六年間で三倍に膨らみ、世界の金準備の半分以上がアメリカに集中した。こうしてアメリカの金準備は通貨量を上回るようになる——要するに、「過剰」になった。理由は、小麦が過剰になるのとまったく同じで、政府が市価より高い値段で買うと約束したからである。ところがその後に状況は変わった。金の法定価格は一オンス＝三五ドルのままなのに、他の品物の価格は二倍にも三倍にも跳ね上がったのである。そうなると法定価格は、推定市場価格を下回ることになる。* その結果、今度は金が「不足」する事態となった。これは政府が市価を下回る水準に金価格を抑えようとしたからで、家賃の上限を設定すれば住宅の供給不足が起きるのとまったく同じ理屈である。

小麦の価格はこの間に何度も引き上げられており、金の法定価格も本来ならずっと前に引

＊この点は微妙であって、貨幣としての金の役割を勘案したとき、推定市場価格をどうみるかによって変わってくる。

き上げられていたはずだ。ところが金の主要生産国はソ連と南アフリカだったという事情がある。金が値上がりすれば両国が大いに潤うことになるが、アメリカは政治的な理由からどちらの国にも好感情を抱いていなかった。

政府が金価格を決めるのは、他の品物の価格を決めるのと同じく、自由主義経済と矛盾する。金本位制と似て非なるこのような制度は、金を貨幣として使用する本来の金本位制とはまったく別物と心得るべきだ。本来の金本位制であれば自由主義経済と矛盾しないが、ただしこちらは前章でも述べたとおり実現不能だという致命的欠陥がある。そして金価格の引き上げに伴いルーズベルト政権が採用した一連の政策は、法定価格の維持よりもさらに自由主義の原則から逸脱するものだった。ルーズベルト大統領は就任直後の一九三三年と三四年に、金準備の国有化、売買目的での金保有の禁止、公私債務の金約款（契約時の金平価を基準に決済することを定めた条項）の破棄を打ち出した。これらの政策は、やがて自由主義社会を苦しめる悪しき先例となったのである。

金を所有する個人は、一九三三年から三四年初めまでに連邦政府に金を差し出すことが法律で定められた。連邦政府が払うのは引き上げ前の法定価格で、当時としては明らかに市価より低い。この要求を押し通すため、美術工芸に使う場合を除き、金の個人所有はすべて違法となった。市場経済が成り立つのは私有財産制があるからこそだが、その私有財産制をこれほど損なう政策はあるまい。アメリカ政府は市場を無視した低価格で金を買い取って国有化したが、これは、市場を無視した低価格で土地や工場を買い取って国有化したキューバのカストロの政策と原理的には何ら変わらない。アメリカは一体どういう根拠からカストロを非難できるのか。しかしことが金となると、市場経済の支持者でさえ分別を失ってしまうらしい。一九六〇年には、モルガン銀行（前身はJPモルガン）の会長ヘンリー・アレキザンダーが、金の個人所有の禁止は国内だけでなく国外のアメリカ市民にも適用すべきだと主張し、銀行業界からの抵抗はほとんどないまま、アイゼンハワー大統領はこの案を採用した。

このとき、金の個人所有の禁止は、金が貨幣の役割を果たせるよう「保存する」ためだと説明されている。だが、そのこと自体の良し悪しはさておき、禁止された理由はそれではない。金の国有化は、金の値上がりによる含み益を政府が独り占めにするために、言い換えれば個人が儲けるのを防ぐために、法制化されたのである。

金約款の破棄も同じ目的からだった。そしてこちらも、自由な企業活動の原則を台無しにする政策だったと言える。当事者同士が十分な知識と誠意をもって結んだ契約が、一方の利益のために無効を宣言されたのだから。

経常収支と金の流出

次に、国際金融についてもうすこし広い視点から論じることにしよう。そのためには経常収支と金の流出という二つの問題を区別して考える必要がある。両者の違いは、一般の都市銀行を思い浮かべてみるとよくわかるだろう。銀行は、手数料や貸付金利息などで収入を確保し、人件費、支払金利、経費、配当などの支出をまかなえるよう経営しなければならない。つまり健全な収支を維持するよう努めなければならない。だがいくら健全に経営されていても、預金者が何らかの理由で突然銀行を信用しなくなり、大挙して預金を引き出そうとすれば、窮地に陥る。前章で述べたように、金融恐慌の際にはこうした取り付け騒ぎのために多くの健全な銀行が閉鎖に追い込まれた。

とは言え銀行の収支と取り付け騒ぎは、当然ながら関係がある。だいたいは銀行が赤字に落ち込むから、預金者の信頼を失うのだ。それでも、両者の性質はだいぶ違う。まず利益や損失など収支の問題は突然起きるわけではないから、解決する時間的余裕がある。何の予兆もなく大損が発生することはめったにない。ところが取り付け騒ぎの多くは不意に起こり、予測不能である。

アメリカが置かれた状況は、まさにこれに近い。政府や個人は、外国からモノやサービスを買う、外国企業に投資する、外国からの借金の利子を払う、借金を返済する、外国人や外国政府に贈り物をする、等々さまざまな目的のためにドルを売って外貨を買おうとする。一方、外国人の方も、同じような目的で自国通貨を売ってドルを買おうとする。すると、外貨を買うために払ったドルの額と、外貨で買ったドルの額は、事後的には完全に等しくなるはずだ。売った靴の数と買った靴の数は等しくなるのと同じ理屈である。算数に例外はないのであって、ドルでも靴でも、売れた数だけ買われたのである。だが外国通貨のドル建て価格がいくらであっても、売りたいドルの額と買いたいドルの額が等しくなるという保証はない。これは、靴の値段がいくらであっても、買いたい数と売りたい数が一致する保証はないのと同じである。したがって事後に［売った数］＝［買った数］になるとすれば、事前の［売りたい数］と［買いたい数］の不一致を調整するメカニズムが存在したことになる。両者を一致させる適切なメカニズムを用意するのは、銀行が収入と支出を釣り合わせることに当たる。

収支の問題だけでなく取り付け騒ぎと同じ問題も、アメリカは抱えている。アメリカは外国の政府や中央銀行に対し、一オンス＝三五ドルで金を売る約束をした。外国の中央銀行や政府や市民は、預金や換金性の高い有価証券の形で、大量のドルを保有している。となれば彼らはいつでも米財務省に押しかけて、手持ちのドルを金に換えてくれと取り付け騒ぎを起こすことができる。一九六〇年秋に起きた金の流出は、まさにこれだった。そしていつとははっきり言えないが、近い将来、おそらくこの本が世に出る前にも、同じことが起きる可能性は高い。

経常収支と金の流出は、二つの点で相互に関連している。第一に、銀行の場合と同様、経常収支の悪化がアメリカに対する信頼を失わせる大きな原因となる。端的に言えば、外国はアメリカが一オンス＝三五ドルで金を売らないのではないかと疑うようになる。なにしろアメリカは経常赤字を埋め合わせるために外国から借金をするような国なのだから、他国がドルなぞを持っているより金や他の通貨に換えたいと思うのは当然と言えよう。第二に、金価格の固定は他国通貨に対するドルの価格すなわち為替レートを固定する手段として、また金の流出・流入は、国際収支の事前的な不一致を均衡させるメカニズムとして採用されている。

国際収支の均衡化メカニズム

経常収支と金の流出入の関連性をくわしく調べるために、ここでは基本的な問題である収支の方を取り上げて、収支均衡のためにどんなメカニズムが可能かを検討したい。

まず、アメリカの国際収支がほぼ均衡しており、そこに何事かが起きて均衡を崩すとしよう。たとえば、アメリカ人が売りたいドルよりも外国人が買いたいドルの方が少なくなったとする。逆の側から言えば、ドルを売って買いたい外貨の額が、外貨を売って買いたいドルの額を上回ったとする。これは、アメリカの国際収支が赤字転落の危険に直面したことを意味する。そうした事態は、外国の生産性が向上したとき、あるいはアメリカの生産性が落ち込んだときに起こり得る。また、アメリカの対外援助が増えたとき、あるいは他国の対外援助が減ったときなど、毎日のように起きているさまざまな変化の結果としても、起こり得る。

そうした事態に立ちいたったときに調整するメカニズムは、次の四つしかない。したがってどんな国も、この四つのどれかを組み合わせて対処するしかない。

第一は、アメリカが外貨準備を取り崩すか、外国にドルの準備を増やしてもらうことである。アメリカが外貨準備を取り崩すには、実際には金準備を取り崩して金を外貨と交換するか、外国から外貨を借りて為替市場でドルと交換できるようにする。外国がドル準備を増やすには、外国政府が為替市場でアメリカの居住者に自国通貨を売ってドルを買う。だが外貨準備に頼るこの方法は、明らかに一時しのぎでしかない。この一時しのぎを繰り返してきたからこそ、アメリカの国際収支は深刻なほど悪化したのである。

第二は、アメリカの物価を他国より押し下げることである。本来の金本位制では、主にこの方法が調整メカニズムとして働く。まず経常赤字が発生すると、金が流出する（これは、第一のメカニズムに当たる）。金準備が減ると、通貨供給量が減る。通貨供給量が減ると、物価が下落し所得が減少するという仕組みである。外国ではこれと逆の現象が同時に発生する。すなわち、金が流入して通貨供給量が増える。すると物価が上昇し所得が増える。アメリカの物価が下落し他国の物価が上昇すれば、アメリカの品物は外国からみれば安くて魅力的になる。そこで、外国人はアメリカ製品を買うためにドルが必要になる。同時に、外国の品物はアメリカからみれば高くて魅力がなくなる。そのためアメリカ人は外貨が必要でなくなる。この両方の効果が作用して、経常赤字は減り、それ以上金は流出することなく国際収支は均衡化する。

ところが現代の管理本位制では、こうした効果が自動的には表れない。最初の段階で金の流出は起きる。だが流出した国でも流入した国でも、金融当局が金準備に応じて通貨供給量を調整すると決断しない限り、通貨供給量は変化しない。今日ではどの国でも中央銀行か財務省が、金の流出・流入の影響を打ち消したり、金の流出・流入とは無関係に通貨供給量を調整したりする権限を持っている。したがってこの第二のメカニズムは、赤字国が収支尻を合わせるためにあえてデフレを起こし、ひいては失業を発生させようとする場合か、黒字国がことさらインフレを誘発しようという場合しか、活用されないだろう。

第三は、物価ではなく為替の変動で同じ効果を上げる方法である。たとえば第二のメカニズムの下で、アメリカ製のある自動車が二八〇〇ドルから二五二〇ドルへ一〇%値下がりしたとしよう。このときポンド相場が一ポンド＝二・八〇ドルで一定だとすれば、この車の英国での値段は一〇〇〇ポンドから九〇〇ポンドに値下がりしたことになる（輸送費等は考えない）。一方、ポンド相場が一ポンド＝二・八〇ドルから一ポンド＝三・一一ドルに上昇すれば、もともとの値段が下がらなくても、これとまったく同じ現象が起きる。イギリス人は二八〇〇ドルを手に入れるのにそれまで一〇〇〇ポンド払っていたのが、ポンド高になれば、九〇〇ポンド払えばいいことになるからだ。支払う代金が少なくて済むのがポンド高によるものでも、本国での値下がりによるものでも、イギリス人にとっては同じことである。

為替の変動が起きる状況はいくつかあるが、現在多くの国が採用している固定相場制では、通貨の切り下げか切り上げを行ったときに変動する。つまり、政府が自国通貨と他国通貨との固定交換レートを改定すると決めたときに、相場は変動する。だが為替というものは、交換レートを固定する必要はすこしもない。交換レートは毎日変動して一向にかまわないのであって、実際にも一九五〇〜六二年のカナダドルがそうだった。為替の変動が市場に委ねられる場合のうち、主に民間取引を通じて相場が決まるなら、それは自由変動相場制である。一九五二〜六一年のカナダはこれに当たると言えよう。そうではなく、政府の投機で相場が操作されるときもある。一九三一〜三九年のイギリス、一九五〇〜五二年と同六一〜六二年のカナダがそうだった。

為替を変動させるさまざまな方法のうち、完全に市場に委ねられ政府が一切管理しないのは、自由変動相場制だけである。

第四のメカニズムは、政府による貿易統制や介入である。第二、第三のメカニズムでは、国内物価の変動や為替の変動を通じて間接的にモノやサービスの流れを変えていた。が、貿易に直接働きかければ、輸入を抑制してドルの流出を減らし、輸出を促進して受け取るドルを増やすことが可能だ。たとえば関税を引き上げて輸入を阻む、補助金を出して輸出を振興する、さまざまな品目に輸入割当を課す、米企業や個人による海外投資を規制する、といった具合で、為替管理の手段はたくさんある。政府は民間の活動を規制するだけではない。国際収支を均衡させる目的で政府事業の条件を変えることも、この第四のメカニズムに該当する。たとえば対外援助の相手国に対し、米国製品の調達を義務づけることなどがそうだ。また、ずいぶんおかしな話だが、米軍がドルを節約するため、安い外国製品ではなく高い国内製品を買うといったことも、そうである。

重要なのは、収支を均衡させるには以上四つのうちどれかが必ず使われる、使わざるを得ないということだ。複式簿記では借方と貸方が必ず釣り合う。すなわち払う分と受け取る分は等しくなる。問題は、どうやって釣り合わせるかということだけだ。

ところがアメリカがこれまで公式に発表した政策では、四つのうちどれも使わないことになっていた。この方針は、いまも変わっていない。ケネディ大統領は、一九六一年一二月に全米製造業者協会で行った演説の中で、次のように述べた。「もう一度はっきりさせておく。私は在任期間中に為替管理を行うつもりはなく、ドルを切り下げるつもりもない。また貿易障壁を高くする意図も、景気回復を阻む意図も持っていない」。となれば、残る可能性は二つしかない。一つは他国に対応する策を講じてもらうことだ。しかし言うまでもなく、これを当てにするわけにはいかない。残る一つは金準備を取り崩すことである。ところが大統領も他の政府高官も、金の流出は食い止めなければならないと言い続けてきた。タイム誌によると、ケネディ大統領の「公約は拍手喝采で迎えられた」という。となれば公表された政策を信じる限り、アメリカは、所得以上の生活をしながら、それ以上稼げないのに出費を切り詰める気はなく、かといって借金はできず、手持ちの資産を切り売りして赤字を埋める気もないと言い張る輩と同じではないか。

これでは、砂に頭を突っ込み都合の悪いことは見ないで済まそうとする駝鳥と変わらない。が、じつは貿易相手国も似たり寄ったりの発言をしている。結局どの国も四つのうちから一つを選んで徹頭徹尾実行しようという気がなかったため、必然的に、四つ全部を手当たり次第実行する結果となった。アメリカの金準備は戦後すぐの時期には増え、最近では減っている。金準備が増えているときはインフレ誘導型の政策が、金が流出し始めた一九五八年以降はデフレ誘導型の政策がとられた。アメリカは金の公定価格を変更していないが、貿易相手国の方が変えたので、結果的に相手国の通貨とドルとの交換レートは変わっている。このとき、アメリカが圧力をかけなかったとは言えまい。さらに貿易相手国は、多くの品目で直接的な貿易統制を行った。アメリカも、自分たちが貿易赤字を計上するにおよんで、帳尻を合わすべくさまざまな直接介入の挙に出ている。たとえば、旅行者が免税で持ち込める外国製品の上限金額を引き下げた。些細なことだが、象徴的な措置である。また、対外援助をひも付きにしたり、駐留米軍の家族帯同を禁じたりし、原油輸入割当の強化も実施した。さらには、アメリカの国際収支改善のために外国政府に特別の措置を求めるといった不名誉な仕儀にもおよんでいる。

四つのメカニズムの中でどう考えても最悪なのは直接統制であり、自由社会に破壊的影響を与えることはまちがいない。にもかかわらず、何かまともな政策をとる代わりに、手を変え品を変えて統制に頼る傾向が強まってきた。アメリカは公には自由貿易こそ望ましいとしながら、経常赤字の容赦ない圧力に負けて逆方向に向かっており、この先もこの道を突き進みかねない。議会はどの品目についても関税引き下げ法案を可決することが可能だし、政府は世界のどの国とも関税引き下げ交渉を行うことが可能だ。だが、貿易赤字を解消する根本的な代替メカニズムを導入しない限り、ある貿易障壁を撤廃しても、結局は別の障壁を設けざるを得なくなるだろう。それも、一段とたちの悪い障壁を設けることにならざるを得ない。たとえば関税はたしかによくない。が、輸入割当などの直接規制はもっと悪い。関税は市場価格と同じで裁量や人為的操作が入り込まず、政府による事業活動への直接介入は行われない。しかし輸入割当では対象品目や数量の決定などに政府が口を出し、民間企業に割り当てる強大な権利まで当局が握ることになる。だが関税や輸入割当よりさらに始末に負えないのは、法律の枠外でする取り決めだ。たとえば日本の繊維輸出の「自主」規制はこの類である。

自由市場と変動相場制

自由市場、自由貿易と矛盾しない国際収支の調整メカニズムは、二つしかない。一つは、金準備と通貨供給量を連動させる完全に自動的な国際金本位制である。だがこれは、前章で述べたとおり実現不能であり、また望ましくもない。いずれにせよ、国際金本位制をアメリカが単独で導入するのは不可能だ。もう一つは、変動相場制である。変動相場制は政府の介入なしに市場での取引を通じて通貨の交換レートが決まる制度である。これなら自由市場にふさわしく、前章で提唱した国内の通貨供給量ルールにも釣り合う。変動相場制を採用しない場合には、自由貿易の拡大はむずかしく、遅かれ早かれ貿易統制の誘惑に抗し切れなくなるだろう。経済活動というものは、貿易も含め、状況が予想外に変化する可能性がいつでもあるし、実際にもめまぐるしく変化している。たとえばいまこれを書いている一九六二年四月の時点では、アメリカは困難な状況を何とか切り抜けて経常赤字は黒字に転換しそうであり、不足だった金準備も積み増しできそうな状況である。だがもしそうなったら、今度は他国が貿易統制の必要に迫られることになる。いまから約一〇年前の一九五〇年に私は変動相場制を提唱する論文を書いたが、このときは、ヨーロッパはいわゆる「ドル不足」から経常赤字に苦慮していた。要するにこうした変化はいつ何時でも起こり得るのであって、いつどんな変化が起きるか予測不能だからこそ、自由市場が好ましいのである。肝心なのは、あるときある国で発生した国際収支の不均衡を解決することではない。不均衡が発生すること自体を解決することである。そのためには、自由市場が機能し、国際貿易に影響する変化にすぐさま自動的に反応して効果を上げられるようなメカニズムを採用すべきである。

　自由に為替レートが変動する変動相場制が自由市場にふさわしいメカニズムであることは自明だと私は考えるのだが、このメカニズムを支持する自由主義者はほんの一握りで、その大半がこの分野を専門にする経済学者である。他の分野では政府の介入や価格統制に反対する自由主義者の多くが、変動相場制となると反対するのはなぜだろうか。理由の第一は、何事によらず現状維持の誘惑は強力だからだ。第二は、本物の金本位制と偽物の金本位制とを混同しているからである。本来の金本位制では、どの通貨もそれぞれ金との交換レートが決まっている。したがって通貨の違いというのは、交換してもらえる金の量が異なることを示す名前の違いに過ぎず、通貨同士の交換レートはほぼ固定される。ところが通貨同士の交換レートを人為的に固定した見かけだけの金本位制を、本物の金本位制と中身も同じだと勘違いする例が多い。しかしこれは、通貨が形の上で金にリンクしているだけである。理由の第三は、一般論としては自由市場に賛成でも自分だけは特別扱いが当然だという、いわゆる総論賛成各論反対が多いことだ。とくに銀行は、為替レートを固定したがる。いまの銀行は為替相場の変動に対処する手法に通じておらず、自由な為替市場で投機や裁定取引を手がける専門企業も存在しない。現状維持に傾きがちなのは、こうした事情のためでもある。その証拠に、一〇年にわたり変動相場制が採用されたカナダでは事情が違ってきた。一部の銀行家が先頭に立って変動相場制の維持を訴え、固定相場制や政府による為替介入に反対している。

しかし私のみるところ、ここに挙げたよりさらに重要な理由がある。それは、過去に行われた変動相場制についての誤解である。この誤解は、統計の読み誤りに起因するものだ。たとえばありがちなのは、「アリゾナ州は結核の死亡率が全米でいちばん高い。したがって結核患者が行くには全米最悪の場所だ」という解釈である。これでは結果を原因と取り違えているので、明らかにまちがっている。しかし為替相場の場合には、つい誤解してしまうようだ。これまで変動相場制の導入に踏み切ったのは、国内金融政策の失敗などが原因で深刻な金融危機に陥った国である。為替管理をどれほど厳格化しても、貿易を統制しても、実物経済からかけ離れた水準に相場を維持することができなかったからだ。かくして変動相場制と言えば不安定な金融や経済、たとえばハイパーインフレや、中南米諸国で発生した深刻なインフレなどを連想させるようになってしまった。変動相場制は結果であるにもかかわらず原因だったと誤解しやすく、実際にも多くの人がそう取り違えたのである。

変動相場制を支持するからと言って、なにも不安定な為替相場を支持するわけではない。自由価格制を支持するとき、価格の大幅な上下動を支持するわけではないのと同じである。理想は、価格は自由に変動できるが、価格を決定する要因がかなり安定していて、実際には変動幅が適度な範囲に収まることである。変動相場制についてもまったく同じで、理想は、為替相場は自由に変動できるが、経済政策や経済条件が落ち着いていて、実際には相場が安定的に推移することである。為替相場が不安定になるのは、経済の基礎的な要因が不安定であることを示す。この症状をなくそうとして政府の力で為替相場を固定しても、病気を治療したことにはならない。その後の対応が一層困難になるだけである。

自由な金・為替取引を実現する政策

金と外国為替の両方について真に自由な市場を実現するには、アメリカはどんな措置を講じるべきだろうか。ここでは私が必要と考える政策をくわしく述べ、これまでの議論の内容を具体的な形で示すことにしたい。

第一に、アメリカは今後固定価格での金の売却・買入はしないことを明言する。

第二に、個人の金保有および金取引を禁じた現行法を廃止し、金の売買価格（法定通貨のほか商品または証書等で表す価格）について一切の制限を撤廃する。

第三に、連邦準備制度は発券残高の二五％に相当する金証券を保有しなければならないと定めた現行法を廃止する。

第四に、金の価格支持政策を打ち切るにあたっては、小麦の価格支持政策同様、積み上がった政府在庫をどう処分するかという過渡的な問題が発生する。金も小麦同様、政府は上記の一と二によってただちに自由市場を再開し、最終的には在庫をすべて放出すべきだ。ただし、在庫の放出は段階的に行うのが望ましい。小麦については五年で十分と見込まれるので、在庫の五分の一を毎年放出し五年間で完全に処分するという政府案を私は支持してきた。金も五年が妥当ではないか。政府は五年にわたって金の在庫を自由市場で競売にかければよい。ただ金は重いので、現物を動かすより倉庫証券をやりとりする方が便利だと考える人も出てくるだろう。もしそうするなら、民間企業が金を預かって倉庫証券を発行する事業を始めればよい。国の機関がしなければならない理由は何もない。

第五に、アメリカはドルと他国通貨との間に公定レートを一切設けないこと、為替レートを操作する目的での投機その他の行為は一切行わないことを明言する。これにより、為替レートは自由市場が決めることになる。

第六に、以上の措置は国際通貨基金（ＩＭＦ）加盟国に課された平価維持義務、すなわちアメリカの場合にはドルについて金との交換比率を定めなければならないという義務に反するので、ＩＭＦの承認を得ておく。カナダが平価を定めなかったとき、ＩＭＦはこれを義務違反ではないとして変動相場制の採用を承認したのだから、アメリカにも同じことが適用できるはずだ。

第七に、各国は自国通貨を対ドルで固定する、いわゆるドルペッグを採用してよい。これはそれぞれの国の問題であって、アメリカが固定レートで売買する義務を負わされない限り、反対する理由はない。いずれにせよどの国も、すでに述べた四つのメカニズムのいずれかを単独または組み合わせて使わない限り、自国通貨をドルにペッグすることはできない。

貿易統制の撤廃

上記の政策が実行されれば、国際収支の不均衡問題は一気に解決するはずだ。もはや赤字は発生しないから、アメリカの政府高官が何とかしてくれと外国政府に泣きつく羽目に陥ったり、大統領が信用回復に狂奔する田舎の銀行家のような振る舞いにおよんだり、自由貿易を標榜する政府が輸入制限をせざるを得なくなったり、国際決済の通貨をどれにするかなどという些末事のために国家や個人の重大な権益を犠牲にするといったことは、もうなくなる。為替レートが自由に変動して収支を均衡に向かわせるので、国際収支はつねに均衡するはずだ。もはや買い手が見つからなければドルを売ることはできない。その逆も同じである。

したがって変動相場制を導入すれば、財とサービスの自由貿易を効率的に推進できるようになる。唯一の例外は、共産圏への戦略物資の禁輸など、純粋に政治的・軍事的理由から妥当と考えられる計画的介入にとどまろう。しかし固定相場制の維持に固執する限り、自由貿易への道には障害が立ちはだかることになる。なぜなら相場を維持するためには、関税や貿易の直接統制という逃げ道を確保しておかなければならないからだ。

変動相場制には、自由貿易を実現するだけでなく、思わぬ副産物がある。自由貿易反対論に潜む誤り、すなわち「賃金の高いアメリカの労働者を他国の安い労働者から守るためには関税が必要だ」という主張の誤りをものの見事に暴いてくれることだ。日本の労働者の時間給が一〇〇円だとしたら、アメリカの労働者の四ドルと比べて高いのだろうか、低いのだろうか。それは為替レート次第である。では為替レートはどうやって決まるのか。為替レートは収支を均衡させるように決まる。つまり、アメリカが日本に売る額と日本がアメリカに売る額とがほぼ等しくなるように決まる。

単純化するために、いま日本とアメリカだけが貿易を行っているとしよう。そして日本は、一ドル＝一〇〇〇円の為替レートであれば、あらゆる貿易対象品目をアメリカより安く生産できると仮定する。とすれば、日本は何でもやすやすとアメリカに売りつけ、アメリカの品物は何一つ売れないはずだ。さてこのとき、アメリカは代金をドル紙幣で支払うとする。すると日本の輸出企業は、手にしたドルをどうするだろうか。日本国内ではドルは何の役にも立たない。もし日本企業がドルをただしまっておくとしたら、米国造幣局はさしずめ一大輸出産業ということになろう。この産業が産出するドル紙幣のおかげで、アメリカ人は日本製品をただ同然で手に入れることになるからだ。

だがもちろん日本の輸出企業は、ドルを後生大事に温めているつもりはあるまい。当然ドルを売って円に換えようとする。仮定から、一ドルは一〇〇〇円と交換されることに決まっている。しかしこちらも仮定から、一〇〇〇円する品物は一ドルでは買えない。これは、輸出企業のみならず日本人全員に当てはまる。となれば、一〇〇〇円出せば買える品物を買うことができない一ドルを手に入れるために、一〇〇〇円を手放す人がいるだろうか。もちろん、いない。そこで日本の輸出企業は、手持ちの一ドルを円と交換するときに、一〇〇〇円より少ない額で我慢せざるを得ない。これは要するに、ドルの円表示価格は一〇〇〇円より低くなるということだ。逆に言えば、一〇〇〇円のドル表示価格は一ドルより高くなる。では、一ドル＝五〇〇円にしたらどうだろうか。今度は日本製品はアメリカ人にとって先ほどの倍の値段になり、アメリカ製品は日本人にとって半分の値段になる。そうなれば、あらゆる日本製品がアメリカ製品より安いということはなくなるだろう。

円のドル表示価格、すなわち円の対ドル相場はどのあたりに落ち着くのだろうか。どんな水準でもよいが、アメリカにモノを輸出した企業が支払われたドルを売って円に換えようとするとき、アメリカからモノを輸入してドルで支払おうとする企業に確実に買ってもらえる水準でなければならない。それはおおざっぱに言えば、アメリカのドル建て輸出総額がドル建て輸入総額と等しくなるような水準ということである。ここでおおざっぱと断ったのは、国際収支には正確には資本取引や贈与なども含めなければならないからだ。だがこれらを含めるとしても、大筋は変わらない。

　ここで、日本人労働者やアメリカ人労働者の生活水準や賃金水準にまったく言及していないことに注意してほしい。生活水準の高低は、この問題と関係がないのである。日本人労働者の生活水準がアメリカよりも低いとすれば、それは、職業技能の水準や資本・土地などの投入量を一定とした場合の労働生産性が、おしなべてアメリカより低いからだ。仮にアメリカ人労働者の生産性が、平均して日本人労働者の四倍だとしよう。この場合、生産性が日本の四倍以下の産業でアメリカ人労働者を使うのは非効率である。生産性の高い産業に振り向け、それを輸出して、生産性の低い産業の製品と交換すればよい。関税では日本人労働者の賃金水準を引き上げることも、アメリカ人労働者の高い賃金水準を守ることもできない。それどころか日本人労働者の生活水準を押し下げる方向に作用する。またアメリカ人労働者の生活水準も、本来可能な水準までは上昇できなくなるだろう。

では、望ましい形の自由貿易にどのようにして移行すべきだろうか。アメリカは、二国間の関税引き下げ交渉というやり方を採用してきた。が、これは賢いやり方とは思えない。第一に、時間がかかりすぎる。旅は一人の方が早いのである。第二に、関税そのものについての誤った見方を助長する。関税引き下げ交渉をみていると、まるで関税とは課される国を不利にはするが、課す国にとっては有利なもののように思わせられる。関税を引き下げるのはこちらに得なものを諦めるのだから、相手に関税の引き下げなり何なりの見返りを要求するというふうに見えるのだ。しかし事実はまったく異なる。関税は、課される国のみならず課す国にとっても有害なのである。他の国が関税を撤廃せずアメリカだけが関税を撤廃しても、メリットは多い*。他国が引き下げればメリットはもっと大きくなるけれども、それがなくともアメリカに益はある。各国の利益は一致するのであって、衝突はしない。

アメリカは一方的に自由貿易に移行する方が、あちこちの国と二国間交渉をするよりずっといいと私は思う。お手本は、一九世紀に穀物法を廃止した英国である。これを契機に英国は政治・経済両面で躍進したが、同じことがアメリカにも期待できる。アメリカは大国なのだから、こちらがルクセンブルグ製品の関税を引き下げる前に相手に引き下げを要求するような真似をすべきではない。また、香港製の繊維に輸入割当を設定し、数千にのぼる中国人労働者を路頭に迷わせるようなことも止めるべきだ。相手国にいやいや追随するのではなく、大国の宿命を受け入れ、模範を示そうではないか。

これまで便宜上、関税についてだけ論じてきたが、すでに指摘したとおり、今日では非関税障壁の方が貿易に重大な影響をおよぼしている。関税も、非関税障壁も、やめなければならない。段階的撤廃をすぐにでも始めるべきであり、以下の措置を法制化することが望ましい。一切の輸入割当や数量制限は、強制的なものであれ、相手国が「自主的」に受け入れたものであれ、年二〇%ずつ緩和する。いずれ制限と言えないほどゆるやかになるだろうから、そうなったら完全に廃止できるはずだ。また一切の関税は、今後一〇年間で現行税率を一〇%ずつ引き下げていく。

アメリカで、そして世界で自由な社会を実現するうえで、これ以上に効果的な措置はまずあるまい。経済援助の名目で他国の政府に補助金を与えて社会主義を助長するような結果を招く一方で、そうした国々がせっかくつくった生産物に輸入割当を課して企業活動を妨げるよう

＊この点について例外はあるだろう。だが私が理解する限りでは、そうした例外は理論上は興味深いとしても、実際には問題とはならない。

なやり方は、もう止めなければいけない。上記の措置をとれば、アメリカは矛盾なく信条を貫くことができる。そして、世界に向かって次のように宣言することができる——アメリカは自由を信奉し、自由を実現する。自由を強制することはできないから、自由を選ぶかどうかはそれぞれの国にお任せしよう。だが、アメリカはどの国とも平等な条件で取引をしよう。アメリカ市場はすべての国に開かれている。売れるもの、売りたいものを売ってよろしい。売って得た代金で買いたいものを買ってよろしい。こうして個人同士の自発的な取引が世界に広く自由に行き渡るのだ、と。

第 5 章

財政政策

Policy

CHAPTER 5 Fiscal

ニューディール政策がとられて以来、連邦政府は公共事業を拡大するたびに、失業を減らすためには政府が金を出すしかないのだと言い続けている。ただし、理由付けは長い間にだいぶ変わってきた。最初は「呼び水」として公共投資が必要だとされた。とりあえず政府が予算を投じれば経済を活性化できるから、そうなったら手を引けばよいというのである。

しかしこれで失業を減らすことはできず、一九三七～三八年には景気が急速に冷え込む。すると今度は「長期停滞論」なるものが浮上し、政府が恒常的に多額の公共投資をすることが正当化された。長期停滞論によると、経済は成熟期に入ったのだという。めぼしい投資案件はあらかた開発され、今後新しい機会はなかなか出てきそうにない。しかも個人は相変わらず投資より貯蓄を好む。となれば政府が投資して赤字を垂れ流すしかない。赤字を埋め合わせるために国債を発行すれば、個人にとっては蓄財の手段となるだろうし、政府支出のおかげで雇用は創出されるだろう、云々。この主張が信用できないことは理論分析によっても明らかだし、事実からも確かめられている。たとえば、長期停滞論者が想像もしなかったようなまったく新しい民間投資が行われるようになった。にもかかわらず、長期停滞論の遺物はいまだに残っている。もはやこの説を信じている人はほとんどいないというのに、このときに開始された公共事業も、また呼び水として始められた事業の一部も、依然として続けられているのだ。そして政府支出が膨張し続ける原因となっている。

最近では、呼び水としてでも長期停滞を防ぐためでもなくて、総支出を安定させるためだという理由付けがされるようになった。何かのきっかけで民間支出が落ち込んだら、政府が支出を増やす。逆に民間支出が増えたら政府は手控えるという具合にして、総支出ひいては経済の安定化を図るべきだという。しかし残念ながら、この方法では経済は安定しない。なぜか、説明しよう。景気後退が起きるたびに、それがどんなに小幅の後退でも、小心な政治家や役人は震え上がる。大恐慌再来の前兆ではないかという恐怖が頭をよぎるからだ。そこで大急ぎで何かしら公共事業を計画し法案を成立させる。ところが実施される頃には、後退期は終わっていることが多い。となれば、政府の支出は景気後退を和らげるのではなく、その後の景気拡大を一層刺激する役割を果たすことになる（もっとも、政府支出によって国内総支出が実際に増えるとしての話だが、この点についてはあとでくわしく述べることにしたい）。しかも景気後退期の支出がすぐさま承認されるのに対し、後退期が終わって拡大期に入ろうというときにすぐさま取り消されるわけではない。それどころか、せっかくの健全な景気拡大を政府支出の打ち切りで「邪魔してはいけない」という議論がまかり通るようになる。こうしたわけで、このやり方では景気後退を食い止めることはできず、政府の施策をインフレ誘導型にするという結果を招いてきた。だがいちばん重大な弊害は、国の公共事業のとめどない拡大を促し、税負担の軽減を妨げてきたことである。

政府支出のさじ加減で総支出を安定させるという触れ込みにもかかわらず、戦後の国民所得構成項目の中でいちばん不安定なのが政府支出だという事実は、じつに皮肉である。しかも、他の項目の変動を打ち消すためにそうなっているのではない。他の景気変動要因を打ち消すどころか、政府支出それ自体が不安定と混乱を引き起こす主因になったと言う方が当たっている。

政府支出はいまや経済全体の中で大きな割合を占めているため、連邦政府が景気に重大な影響をおよぼすことは避けられない。したがってまずは赤字の垂れ流しを止め、支出をほどほどに安定させる措置を講じるべきだ。そうすれば、他の部門で必要な調整が少なくて済む。まずそちらを正さずに、官僚が学校の先生よろしく景気を手なずけようとするのは、笑止千万である。経済は、言うことを聞かない生徒を並ばせるような具合にはいかないのだ。とは言え、自分のことは棚に上げて他に原因を求めるのは人の常なのだから、役人がそうしても当然かもしれない。

政府予算は民間支出とのバランスをとるために使うべきだし、それは可能だという理論(これについてはあとでくわしく検討する)をいま仮に受け入れるとしよう。それでも、支出の側でバランスをとらねばならないという理由はない。収入側、すなわち税収の側でもそれは可能である。国民所得が減れば、連邦政府の税収は自動的に、それも国民所得の減少より大幅に減る。したがって財政は赤字方向に傾く。好景気のときは逆の現象が起きる。これだけでは不十分だと言うなら、景気後退期には減税を実施し、拡大期に増税すればよろしい。ただし、公共事業の場合と同じくここでも政治的な思惑から、政府は増税より減税の方を気前よく行うだろう。

これまで支出の側だけでバランスをとろうとしてきたのは、政府支出を増やそうとする別の要因が働いたからである。中でも大きな要因は、政府は経済活動にも個人の生活水準向上にももっと大きな役割を果たすべきだという考えが知識人に広く支持されるようになったことだ。つまり福祉国家論が主流になってきたのである。福祉国家をめざす立場からみると、政府支出でもって総支出を安定させるという理屈は都合がよい。その助けを借りて、政府の介入はハイペースで拡大してきた。

では収入、すなわち税収の側でバランスをとっていたとしたら、どうなっていただろうか。不況のたびに減税が行われたとしよう。そして好況に転じても、増税は不人気だという理由から新規公共事業ができず、既存事業も縮小されたとしよう。そうなれば、国民所得のうち政府支出に回される分は現在ではずっと少なくなっていただろう。また税による景気抑圧効果が減るため、国民所得自体はもっと拡大していたかもしれない。

とは言え、こんな夢物語を描いたのは、総支出安定論を支持するためではない。たとえこの方法に民間支出とのバランスをとる作用が期待できるとしても、効果が表れるのは時間的にも空間的にも遅れる。したがって他の景気変動要因を効果的に打ち消すためには、変動をかなり以前から予測しなければならない。しかし財政政策を立てるにせよ金融政策を立てるにせよ、政治的配慮はさておくとしても、税金や支出をあらかじめ計画的に調整し精密な景気安定化メカニズムとして利用するだけの知識は、現時点では誰も持ち合わせていない。そんなことを試みても、まず確実に事態を悪化させるだけだろう。ミスばかり犯すからではない。もしそうなら、最初に思いついたのと逆のことをやればよいので話は簡単だが、実際には何の法則性もなく正しいことをしたりまちがったことをしたりするから、混乱が混乱を呼んで始末に負えなくなるのだ。現にアメリカが過去にやってきたのはこれである（もちろん混乱の発端は判断ミスだったのだが）。私は金融政策についての論文で、こんなことを書いた。「必要なのは、金融当局が熟練ドライバーよろしく巧みなハンドル捌きで予想外の事態を乗り切ることではない。当局は車の重しとして後部座席に乗っていればよろしい。この乗客がときに身を乗り出してハンドルに手を出し、車が道路から飛び出すのを防ぐことが必要なのだ*」。これは、ただちに財政当局にも当てはまる。

金融政策のルールに対応する財政政策のルールは、政府予算を立てるときに、その年その年の景気の安定は一切顧慮しないことである。国民が民間より政府を活用したがっているのはどんなことかだけを考えればよい。税率を決めるときも、景気安定は一切顧慮せず、平均的な歳出をカバーできる歳入の確保だけを考える。そして、政府支出や税率の大幅な変動を避けるよう心がける――これが、ルールである。もちろん、いくらかの変動は避けられまい。国際情勢によっては国防予算を増やさざるを得ないときもあるだろうし、逆に運よく減らせるときもあるだろう。戦後の一時期に政府支出が一定しなかったのは、いくらかはこのためだが、けっして国防予算だけが原因ではない。

財政政策については、最後にもう一つ、「税収に比して歳出を増やせば景気を刺激し、減らせば景気を収縮させる」という現在人気の理論を検討しておきたい。これは例の総支出安定論の主な論拠であり、実業家も、経済の専門家も門外漢も、みな当然のように支持している。だが論理的に考えてみるだけでもこの理論は成り立たないし、実証的にも裏付けられず、また私が知っている事実とも一致しない。

この理論の土台になっているのは、ケインズ分析である。単純な例として、政府が支出を一〇〇ドル増やし、税金は据え置くとしよう。すると、一〇〇ドルを受け取る人の所得はその分だけそっくり増えることになる。この人たちが三分の一を貯金して残り三分の二を消費に回すとしよう。そうなれば、誰かがその三分の二を受け取ることになる。その誰かがまた三分の一を貯金して三分の二を使うという具合に無限に繰り返していけば、政府が支出を一〇〇ドル

＊ *A Program for Monetary Stability* (New York: Fordham University Press, 1959) p.23.

増やしただけで、最終的には所得が三〇〇ドル増えることになる。これがケインズの投資乗数理論と言われるもので、いまの例では投資乗数が三になっている。政府による投資が一回限りであれば、所得は一度増えるだけで、やがては元の水準に戻る。だが政府が一定期間ごとに一〇〇ドル増やす、たとえば毎年一〇〇ドル増やすとすれば、所得は毎年三〇〇ドルずつ増え続けることになる。

なるほど魅力的な理論ではある。だがこの魅力は見せかけだけで、投資効果に影響をおよぼす他の要因が無視されている。そうした要因を考慮すれば、これほどありがたい結果にはならない。所得はまったく増えないケースから乗数効果いっぱいに増えるケースまであり得る。たとえば政府が余分に一〇〇ドル投資しても、民間投資が減れば、個人の所得は全然増えない。また所得が増えたとしても物価が上がれば、実質所得の増加は目減りする。あるいは全然増えないかもしれない。ここでは、そうした見落としのいくつかを簡単に検討しておこう。

第一に、先ほどの単純な例では、政府が何に一〇〇ドルを投じるのかが問題になっていない。それまで個人が自発的に払っていたものに政府が予算を付けたとしたら、どうだろうか。たとえば市民が公園の入園料に一〇〇ドルを払っており、その入園料で管理人の賃金をまかなっていたとしよう。政府がこれを肩代わりし、市民には公園を「無料」で開放したとする。

すると管理人は以前と同じく一〇〇ドルの賃金をもらうが、それまで一〇〇ドル払っていた市民は、その分だけ手元に残ることになる。この時点ですでに、政府の支出は誰の所得も増やしてはいない。政府がしたのは、市民が手持ちの一〇〇ドルを公園以外の用途、それも、もともとは公園より優先順位が低かったにちがいない用途に回せるようにしただけである。公園に行けばただで済むとなれば、市民の総所得に占める消費の割合は減ると見込まれる。ただし、どのくらい減るのか予想するのはむずかしい。先の単純な例では追加所得の三分の一が貯金されるという仮定だったが、これを受け入れるとしても、あるモノが「ただ」で手に入った場合に、浮いた自分の金の三分の二を別のモノに回すとは限らない。たとえば少々極端だが、ほかのものはこれまで通り買い続けるが、入園料に充てていた一〇〇ドルはそっくり貯金する可能性も考えられる。その場合、単純なケインズ分析でも、政府の投資効果は完全に打ち消されてしまう。政府が一〇〇ドル支出を増やすと民間支出が一〇〇ドル減るという図式だ。もう一つ別の例で考えてみよう。政府が道路建設に一〇〇ドルを投じるとする。この道路は、政府がやらなければある民間会社が建設するつもりだったとしよう。あるいは、道路ができればその会社のトラックは傷まなくなるので、修理費が浮くとしよう。この会社はこうして浮いた資金を、道路より優先順位の低かった用途にそっくり振り向けることはあるまい。この場合、民間の支出が政府に移っただけで、乗数効果が効き始めたときにやっと政府支出の純増分を活用できるに過ぎない。となると支出移転を防ぐには、じつに筋の通らない話だが、民間がやるはずもないまったく無意味なこと、たとえば穴を掘って埋めるような仕事に政府が金を出すのがよいということになる。このような結論になること自体、そもそもの論理に誤りがある明らかな証拠と言えよう。

第二に、先ほどの例では、政府が投じる一〇〇ドルをどこで手に入れるかが説明されていない。あの例に従う限り、政府が一〇〇ドル紙幣を新しく刷っても、誰かから借りても、結果は同じということになる。だが実際には、どちらの手段をとるかによって結果は明らかに違ってくるはずだ。ここでは財政政策と金融政策を切り離して考えるため、政府が一〇〇ドルを借り入れる、すなわち一〇〇ドルの国債を発行するとしよう。この分を支出すれば、通貨供給量は変わらない。一方、お望みとあらば一〇〇ドル紙幣を印刷し、刷った紙幣で既発債を買い上げるだけで、通貨供給量は一〇〇ドル増える。したがって、一〇〇ドルを借りるか刷るかで結果は違ってくるという仮定は正しい。さてここで問題は、政府の借金でどんな影響が出るかということだ。この点を考えるにあたって、まず支出移転は起きないと仮定し、政府が支出を一〇〇ドル増やしたときに民間の支出がすぐさまその分だけ落ち込むことはないものとする。

ここで、政府が借金をして支出をしても、通貨供給量には変化が生じない点に注意してほしい。言わば政府は右手で誰かから一〇〇ドル借り、左手で別の誰かに渡すのであって、一〇〇ドルの所有者がかわるだけである。

　単純なケインズ分析では、政府が借金をしても民間の支出には何ら影響をおよぼさないことが暗黙の前提になっている。だがこれは、次の二つの極端な条件下でしか起こらない。第一は、国債を買うか現金で持っているかについて国民がおよそ無頓着で、一〇〇ドルを調達するための国債が既発債より高い利回りでなくとも売りさばける場合である（もちろん一〇〇ドルでは、利回りはほとんど問題にならない。ここでは仕組みを説明するために一〇〇ドルとしているが、一〇〇ドルを一〇〇万ドル、あるいは一〇〇億ドルと読み替えれば実際の効果がおわかりいただけよう）。これはケインズが言うところの「流動性の罠」が存在する状態だから、「遊んでいる資金」が国債の買い入れに充てられる。しかしこのような状態がいつまでも続くはずはないし、またこれ以外の場合には、政府は利率を高くしないと新発債を売りさばくことはできない。そうなると、民間の借り手も同等以上の利息を払わないと借りられなくなる。そして金利の上昇は潜在的な借り手の支出意欲を削ぐ。ここで、第二の極端な条件が登場する。潜在的な借り手が自分の支出に途方もなく頑固で、いかに金利が急上昇しようともそれまで通り借り、それまで通り支出し続けることだ。ケインズ派の言葉では、これを「投資の限界効率の利子弾力性がゼロである」と言う。

まともな経済学者の中で、この極端な二条件のいずれかが現在当てはまるとか、せめて相当範囲の借入や金利動向に当てはまるとか、あるいは特殊条件下を除き過去に当てはまったことがあると考える人は、私の知る限りでは存在しない。いくらかケインズ寄りだと自認する学者でさえ、そうだ。にもかかわらず、ケインズ派、反ケインズ派を問わず多くの経済学者が、税収以上に歳出を増やせば、たとえ不足分を借金でまかなっても、すなわち通貨供給量が増えない場合でも、必ず景気を刺激するという説を支持している。まして経済の門外漢は言うまでもない。だがいま検討したとおり、二つの極端な条件のいずれかが当てはまらない限り、この説は成り立たないのである。

どちらの条件も該当しなければ、どうなるか。政府に資金を貸した人か、その資金を借りようとしていた人いずれかの支出が減ることで、政府の支出増は打ち消される。どの程度打ち消されるかは、お金を持っている人次第だ。厳格な貨幣数量説における極端に単純化した前提によれば、個人が使わずに残しておきたいお金の量はほぼ所得にだけ左右され、国債その他の証券の利回りには左右されない。この場合、通貨供給量が政府支出の前と後とで同じなのだから、残しておきたい量を維持して人々を満足させるためには、名目所得の総量が同じでなければならない。このことは、政府支出の増加分だけ民間支出を減らすために、金利を引き上げねばならないことを意味する。こうなったら、どうみても政府支出が景気を拡大させるとは言えない。名目所得すら増えないのだから、実質所得はなおさらである。結局起きるのは、政府支出の増加と民間支出の減少だけである。

なお、これがひどく単純化された説明であることはお断りしておかなければならない。網羅的に論じるには分厚い本を書く必要があるだろう。だがこの単純な分析だけでも、政府が一〇〇ドル支出を増やしたときに民間の所得の増加が〇～三〇〇ドルの間のどの数字にもなり得ることは、おわかりいただけたと思う。消費者が所得をどれだけ消費に回すかを頑固に変えまいとするほど、また買い手が頑固にコストを度外視して買おうとするほど、結果はケインズの投資乗数理論が示す限界値、すなわち三〇〇ドルに近づく。逆に、所得のうちどれだけ使わずに残すかを頑固に維持しようとするほど、厳格な貨幣数量説が示す限界値、すなわち〇ドルに近づく。それぞれの場合に企業や個人がどれだけ頑固かは、事実を示すデータに基づいて実証的に判断すべきことであって、推論だけで決めるわけにはいかない。

一九三〇年代の大恐慌以前には、経済学者の大半が、所得増は三〇〇ではなくゼロに近いと確信を持って結論したにちがいない。だが大恐慌の後になると、経済学者の大半が逆のことを確信を持って結論しただろう。そして最近では、また最初の結論に戻る動きが出てきた。残念ながらこれらはどれも実際に目にしたことからの直観的な判断に頼っており、十分なデータに裏付けられているとは言えない。

私は、学生の助けを借りてアメリカをはじめ世界各国を対象に広範な実証研究を行い、多くのデータを収集した。* 結果は衝撃的だった。実際の結果はケインズの限界値より貨幣数量説の限界値にはるかに近いことが、はっきりと示されたのである。これを踏まえれば、政府支出を一〇〇ドル増やした場合、所得はときによっていくらか上下するものの、平均してほぼ一〇〇ドル増えると判断できる。つまり税収に対する政府支出の拡大には、どこをとっても所得押し上げ効果があるとは言えない。名目所得は増えるかもしれないが、その分は政府支出に吸い上げられているので民間支出は変わらない。この過程で物価は上昇するか本来より下落幅が小さくなり、その結果として実質ベースでみた民間支出は減る。そして政府支出を減らせば、逆のことが成り立つのである。

以上は、最終結論とは言えないことをお断りしておく。私の知る限りでは最も広範囲で包括的なデータに基づいてはいるが、まだまだ十分ではない。

ただし、一つのことははっきりしている。財政政策について広く支持されているケインズ理論に対し、広範なデータによる反証がいまここで少なくとも一つは挙げられたということだ。一方、私の知る限りでは、ケインズ理論を裏付ける系統的なデータや一貫性のある証拠は存在しない。言ってみれば経済神話のような説であって、経済分析や定量的な研究で実証されていないのである。にもかかわらず絶大な影響力を持ち、政府が経済活動や生活に大規模に介入することについて幅広い支持を得るにいたっている。

＊研究成果の一部は、Milton Friedman and David Meiselman, *The Relative Stability of the Investment Multiplier and Monetary Velocity in the United States, 1896-1958* に含まれている。

第 6 章

教育における政府の役割

Role of

in Education

CHAPTER 6 The F
Government i

今日の正規の学校教育では、財政をまかなうのも運営をほぼ全面的に担当するのも、政府機関か非営利団体である。長い時間をかけて徐々にこうした形になり、いまではこれが当たり前になった。このため、市場経済が制度的に整いかつ国民の意識に浸透している国々でも、学校教育がなぜこのような特別扱いをされているのか、とくに注意が払われることはない。その結果として、政府の守備範囲が無節操に広がっている。

第二章で論じた政府の役割に照らすと、教育への政府の介入は次の二つの根拠から正当化できる。第一は、実質的な外部効果が存在することである。すなわち、ある人の行動が他の人々に重大な損害をもたらすが、その人に補償させることが事実上不可能である状況、またはある人の行動が他の人々に多大な利益をもたらすが、その代価を払ってもらうことが事実上不可能である状況が存在することだ。これは言い換えれば、自発的な交換ができない状況が存在することである。第二の根拠は、子供など責任能力のない人に対する温情的な配慮である。しかし外部効果も温情的配慮も、良識ある市民になるための基礎教育と、職業訓練や専門職教育とでは持つ意味がだいぶ違う。だから政府が介入する論拠はこの二つの分野でかなり異なっており、結果的にずいぶん違った性質の介入が正当化されている点に注意しなければならない。

もう一つ、注意しておくべきことがある。それは、「学校教育」と「教育」は同じではないということだ。学校教育は必ずしも教育ではないし、教育は必ずしも学校教育ではない。本来の関心の対象は教育であるべきだが、政府が介入するのは学校教育にほぼ限られている。

基礎教育

民主的で安定した社会を実現するためには、市民が最低限の読み書き算術を身につけること、共通の価値観が広く根づくことが必要である。教育はこの両方に寄与する。となれば、子供の教育は子供と親にだけ利益をもたらすのではなく、社会の他の人々をも利すると言ってよい。私が子供に教育を受けさせれば、民主的で安定した社会の実現に力を貸すことになるため、他の人も得をする。しかしこのとき、どこの誰が得をしたかを調べ上げて教育費を請求するというわけにはいかない。したがってここには、明らかに外部効果が存在する。

この外部効果を考えたとき、政府のどんな行動なら妥当と言えるだろうか。いちばんわかりやすいのは、すべての子供に必要最低限の学校教育を受けるよう義務づけることだ。この義務を親に負わせ、政府はそれ以上何もしないというやり方も不可能ではない。たとえば建物や自動車の所有者に対しては、他人の安全を守る目的で、定められた基準の遵守が義務づけられている。だが、建物や自動車と教育との間には大きな違いがある。所有者は、安全基準を満たすための費用を負担できなくなったときは、建物なり自動車なりを売り払って所有権を放棄すればよい。したがって、政府は基準を遵守させるのに補助金など出す必要はない。しかし、子供を義務教育に通わせるお金がない親から子供を引き離すわけにはいかない。そのようなことは言うまでもなく、社会の基本単位としての家族に対する信頼を裏切る行為であり、個人の自由を重んじる信念にももとる。それだけでなく、自由社会の市民となるべき子供の教育を著しく損ねかねない。

教育を義務化した場合にその費用を大多数の家庭が問題なく引き受けられるのであれば、親に費用負担を求めることは可能であり、望ましくもある。困窮家庭などのケースには、教育補助金を支給して対応すればよい。今日のアメリカではかなりの地域がこの条件を満たしており、そのような地域では、親に費用負担を求めるのがよかろう。現在は、住民から生涯にわたり税金を徴収し、子供たちが学校に通っている間はその同じ住民に払い戻しているようなものだ。親に費用を負担してもらえば、そんな仕組みは不要になる。その結果、政府が学校の運営に口を出す余地も減るだろう。これについてはあとで述べる。また、所得水準が向上すれば補助金を必要とする人は次第に減るので、政府の学校教育予算に占める補助金の比率はだんだんと下がると見込まれる。ところが現在は、政府が学校教育の運営費用の全部または大半をまかなっている。このような状況で所得水準が上がれば、税収が増え予算が膨らむという具合に資金循環は一段と拡大し、それに伴って政府の役割も拡大することになる。親が費用負担をする利点はもう一つある。子供にかかる社会的費用と個人的費用が均等化されるので、その結果として、一世帯当たりの子供の数の分布が望ましい傾向を示すと期待できることだ。これはけっして小さいメリットではない。*

しかし、アメリカでは世帯によって資力も違えば子供の数も違う。そこに学校へ通わせるという多額の出費を伴う決まりを押しつけるとなると、親に費用負担を求める政策が実行不能の地域も多い。そして政府は、実行不能の地域だけでなく実行可能な地域でも学校教育の費用を負担してきた。それも、すべての子供に必要な最低限の教育のための費用だけでなく、義務でない高等教育の費用までも引き受けている。どちらについても、先に挙げた外部効果がその根拠の一つとなる。ただし義務教育の費用を政府が負担するのは、最低限の教育を強制する唯一の方法だからである。一方、高等教育の費用を負担するのは、高い能力と知的関心を備えた若者に教育を施せば社会や政治における指導力を身につけさせることができるので、他の人々にも利益をもたらすからである。しかし、こうして得られる便益がかけた費用に見合うかどうかはよく検討すべきであり、どこまで補助金を出すのが妥当かについては、判断の違いがあっておかしくない。だがほとんどの人はどんな教育にも価値があり、多少の補助金は当然だと考えているらしい。

実際にはいま挙げた根拠は一部の学校教育にしか当てはまらないのであって、結論を先に

＊親による均等の費用負担が一世帯当たりの子供の数に大きな影響を与えると言ったら、奇妙に思われるかもしれない。だが考えてみれば、けっして奇妙ではないことがわかる。たとえば低学歴・低所得層よりも高学歴・高所得層の方が、出生率が低い。その一因として、後者は高学歴を維持しようとするため教育費がかさみ、子供にかかる費用が前者に比べ大きいことが挙げられよう。

言えば、純粋な職業訓練に補助金を出すことは正当化できない。この種の訓練は学生の経済価値を高めはするが、よき市民やよき指導者になるための訓練とは言い難いからだ。もっとも、両者の間に線引きをするのはむずかしい。基礎的な学校教育にも生徒の経済価値を高める効果があるし（識字能力が当たり前になって市場価値を失ったのはごく最近のことで、それもごく限られた国のことに過ぎない）、ほとんどの職業教育は生徒の将来の選択肢を拡げる。それでも両者はけっして同じではない。アメリカでは、獣医、美容師、歯科医といった専門的な職業のために公的な教育機関が設けられ補助金を出すことが広く行われているが、小学校や教養大学（教養課程のみの単科大学）に補助金を出すのと同じ根拠でもってこれを正当化することはできない。他の根拠で正当化できるかどうかは、あとでくわしく論じる。

とは言え、外部効果の性質がどう違うかをいくら論じても、どの学校教育に補助金を出すべきか、また補助金の額はどの程度が適切かは決められない。最低限の学校教育ほど社会的利益が大きいことは容易に予想がつくし、その内容についても大方の賛同を得られるだろう。高等教育になるほど社会的利益は小さくなると考えられるが、この見方がまちがいなく正しいとは言い切れない。というのも、多くの国の政府が、初等教育に補助金を出す前から大学に補助金を出していたからだ。どんな形の教育が最も大きな社会的利益をもたらすか、また社会の限られた資源をどの程度教育に割り当てるべきかは、社会の判断に委ねなければならない。社会の判断とは、その社会で認められた立法の場での結論として表れるものである。したがってここで社会に成り代わって結論を出すつもりはない。本章では判断を下す際の問題点を明らかにするとともに、それを個人ではなく政府が決めることの是非を問いたい。

すでに論じたように、最低限の学校教育を義務づけることと、この義務教育の費用を国家が負担することは、どちらも学校教育の外部効果を考えれば妥当である。しかし学校の運営そのものを政府が行うこと、すなわち教育産業の大部分を国営・公営にすることは、外部効果によっても、また私の知る限り他の理由によっても、まったく正当化できない。政府が運営する方が望ましいとはっきり言えるケースはまずあるまいと思う。政府は大体において、教育機関の運営コストを直接支払うという形で学校教育に出資している。そして、金を出すとなれば口も手も出すのが当然だと考えているらしい。だが両者は簡単に切り離せるはずだ。政府は最低限の学校教育を義務づけたうえで、子供一人当たりの年間教育費に相当する利用券、すなわち教育バウチャーを両親に支給する。この教育バウチャーは、公立私立を問わず政府が「認定」した教育機関で使用することを条件とし、子供をそうした認定校に入学させバウチャーを提出すれば、それに対して政府が券面額を払う仕組みである。こうすれば両親は、券面額に自分のお金を足し、自分が選んだ認定校で教育サービスを購入する自由が保障されることになる。教育サービス自体を提供するのは、非営利団体でもよいが、営利目的の企業でもよかろう。そして政府の役割は、学校が最低基準を満たすよう監督することに限る。たとえば最小限共通して教えるべき内容が学習課程に組み込まれているかチェックする、といったことである。これは、飲食店を検査して最低限の衛生基準が守られるよう監督するのと同じと言えよう。バウチャー制度がうまく機能した例として、第二次世界大戦後にアメリカで実施された復員軍人教育プログラムが挙げられる。受給資格を認められた復員軍人には年間教育費相当額のバウチャーが支給され、最低基準を満たしている教育機関であれば、自分の好きなところで使うことができた。もうすこし小規模な例を挙げれば、イギリスでは私立学校に通う生徒の一部に地方自治体が費用を支給している。またフランスでは、私立学校に通う生徒の費用の一部を政府が負担している。

外部効果を理由に学校に政府予算を投じるだけでなく政府が運営までするこ とについては、そうしないと、民主的で安定した社会の基盤となる共通の価値観を教えられないからだという主張がよくなされる。この主張によれば、私立学校に最低基準を守らせるだけでは不十分だという。たとえばわかりやすい例として宗教団体が運営する学校を取り上げると、ある宗教系の学校で教える価値観と別の宗教系の学校で教える価値観とは相容れないし、非宗教系の学校で教える価値観とも相容れない。これでは教育の共通性が失われ、統一効果は望めない、という主張である。

これを押し進めると、学校の国営化どころか、国営の学校への強制入学が求められることになりかねない。欧米の大半の国では現行制度はそこまで極端ではなく、公費公営のいわゆる公立学校はあるが、必ずしもそこに通わなくてもよい。けれども政府が金を出す公立学校の存在が、そうでない学校を不利な状況に追い込んでいる。私立学校は、政府の学校教育予算の恩恵にほとんど与れないからだ。この問題はたびたび政治論争の的になっており、過去にはフランスで、現在はアメリカで論議を呼んでいる。かと言って私立学校を不利から救おうとすれば、今度は宗教団体が運営する学校、とくにアメリカの例で言えば教区学校がむやみに有利になり、社会に共通の価値観が浸透しにくくなることが懸念されるという。

なかなかにもっともらしい主張ではある。だがこの主張が正しいのか、つまり政府が学校運営から手を引くとほんとうに共通の価値観を浸透できなくなるのかは、明白ではない。それに自由主義の原則からすれば、こうした主張は個人の自由そのものに抵触する。安定した社会を築くという目的で共通の価値観を教え込むことと、思想や信教の自由に抵触するような宗教の教義を教え込むこととはどう違うのか。基礎教育と職業教育の間の線引きがむずかしいように、両者の間に線を引くのは、口で言うほど簡単ではない。

政府が学校運営から手を引けば、親の選択肢は拡がるはずだ。現状では親は、さしたる出費もなしに子供を公立学校へ通わせることができる。こうした状況では、他の学校も潤沢な補助金を受けていれば別だが、そうでない限り、公立学校以外に子供を通わせられる親、通わせたいと思う親は、ごく少ないにちがいない。教区学校は公的資金の援助を得られない点では不利だが、資金調達力があり学校に熱心に出資する宗教団体に運営されているので、その不利を補うことができる。しかし一般の私立学校には、そうした資金源はほとんどない。もし、いま政府が投じている学校教育予算を学校ではなく両親が利用できるようにし、どこの学校へ通わせてもかまわないようにしたら、需要に応えようとさまざまな学校が登場するだろう。親は、いま通わせている学校から別の学校へ子供を転校させることで、堂々と学校選択に関する自分の意思表示ができる。いまでもそれはできなくはないが、多大な犠牲を伴う。つまり子供を金のかかる私立学校に通わせるか、転居するしかない。あとは、選挙や投票というじつに迂遠な方法しか残されていない。政府が運営する学校制度でも、学校選択の幅を少しぐらい拡げることは、不可能ではあるまい。しかし、すべての子供を就学させなければならない点を考えると、公立学校の選択に大幅な自由を保障するのは容易ではなさそうだ。だが教育分野も他の分野同様、営利目的の企業であれば、国営企業や非営利目的の企業よりも消費者の需要にはるかに効率的に応えられるだろう。その結果として、いずれは教区学校の優位性が失われる可能性もある。

現時点で教区学校が有利になっているのは、もう一つ理由がある。教区学校に子供を通わせている親は、当然ながら、公立学校に回す税金が増えるのをいやがるということだ。その結果、教区学校が有力な地域では、公立学校向けの予算を増やしにくくなる。そして教育の質と予算とはまちがいなくある程度までは比例するので、そうした地域の公立学校はレベルが低くなりがちだ。そうなると教区学校はますます魅力的になる。

学校では共通の価値観を教えるべきだという主張と相通じる意見に、私立学校は階層化を進行させるからよくないというものがある。子供を通わせる学校の選択が自由になれば、同じような種類の親が群れることになり、氏素性のまったく違う子供たちが自然に混ざり合うことが望めなくなるというのだ。この意見が論理的に正しいかどうかはともかく、私立学校だからそういう結果になるとは断言できまい。居住地域が階層化しているため、現行制度下でも、氏素性がまったく違う子供たちが自然に混ざり合う可能性はすでに減っている。いまは誰でも自由に私立学校に通うことができる建前になってはいるが、教区学校を別にすれば、それをできる親はごく限られている。したがって現行制度下でも階層化は助長されている。

この主張をよく検討してみれば、むしろ逆に学校の民営化が望ましいように思われる。考えてみてほしい。大都市の黒人居住区はもちろん、低所得層が住んでいる地域の人々は、どんな点で最も不利益を被っているだろうか。たとえば自動車がどうしても必要だとなったら、どこに住んでいようとせっせとお金を貯めれば、郊外の高級住宅地に住む人と同じ車を買うことができる。車を買うのに何も郊外に引っ越す必要はなく、むしろそこに住んだまま倹約してお金をつくればよい。買うものが車でも、服や家具や本でも、同じことである。しかしいま、スラム街に住む貧しい家族に優秀な子供がいて、両親はその子にぜひよい教育を受けさせたいと考えているとしよう。そのために倹約し貯蓄に励んでいるとする。その場合、数少ない私立学校のどこかで特別待遇や奨学金を受けられない限り、家族の願いは叶うまい。質の高い公立学校は、高所得層の居住地域にあるからだ。子供をよい学校に通わせるためなら多少の無理はしてもよいときっと親は思うだろう。だが高級住宅地に移るのは、まず不可能である。

こうした点を検討するとき、貧しい家の子供も豊かな家の子供も同じ一つの学校に通うしかなかった昔の小さな町のイメージで考えていないだろうか。そのような状況では、公立学校はたしかに機会均等の役に立っただろう。だが大都市やその近郊が発展して、状況は劇的に変わった。現在の学校制度は、機会を均等化するどころか、逆の効果を引き起こしていると考えられる。並はずれて優秀な子供たち——未来の希望が託されているこれら少数の子供たちが、貧困から這い上がるのを阻んでいるのだ。

学校運営を政府が行うもう一つの根拠に挙げられるのは、技術的独占である。小さな町村や農村地帯では子供の数が少ないので、学校を二つも三つもつくるのは意味がない。したがって自ずと独占に向かうので、競争によって両親と子供の利益を守ることは期待できない。この場合、他の技術的独占と同じく、民間による無制限の独占、政府による規制、政府による独占のどれかしか選べない、という主張である。この主張自体はたしかにその通りだが、この数十年ほどで輸送機関が発達し人口の大都市集中も進んでいるため、もはやあまり説得力はない。

これまでに挙げた根拠から最も妥当と考えられる制度は、少なくとも小中学校に関する限り、公立学校と私立学校の共存である。そして私立学校を選ぶ親には公立学校の学費に相当するバウチャーを支給し、バウチャーは政府が認定した学校で使うことを条件とする。このような仕組みにすれば、技術的独占論で指摘された問題は解決する。また私立学校を選択する親にしてみれば、公立学校に充当される税金と私立学校の学費とで二度までも教育費を払わされるのは納得できないところだが、こうしたしごくもっともな不満も解消できる。さらにこの仕組みは、競争を促進するはずだ。公立私立を問わずあらゆる学校ができるだけ多くのバウチャーを集めようと、改善に励むようになるだろう。また競争原理の導入により、学校の健全な多様化や制度運用の弾力化といった望ましい効果も期待できる。ほかに大きなメリットとして、教員の給与に市場原理が働くようになることが挙げられる。政府は市場に準じて公立学校教員の給与水準を決められるようになり、需給状況の変化に応じた調整もしやすくなる。

　学校は施設の拡充にもっと予算を投じるべきだし、優秀な先生を集めるためにもっと給与水準を引き上げるべきだとよく言われる。だが、こうした主張はまちがっているのではないか。学校教育予算は、国民所得の伸び率をはるかに上回るハイペースで拡大してきた。先生の給与も、類似の職業に比べて伸び率はずっと高い。それでもまだ予算は少ないのかもしれないが、重要な問題はそれではない。問題は、投資リターンがあまりにも少ないことである。立派な校舎やすばらしい運動場に投じられた予算は、学校教育支出とは言えるが、教育支出とは言えない。染織だの社交ダンスだの、よほど想像力豊かでないと思いつかないようなものを学校で教える予算についても同じことである。もちろん、両親が自分のお金でそうしたものを習わせることに反対する理由は何もない。それは親の自由である。だが、親でない人も含め国民全員が納める税金を使うとなれば、話が別だ。このような使途を正当化するどんな外部効果があるのだろうか。

この種のことに政府の予算が注ぎ込まれるのは、何と言っても、金を出したら口も出す仕組みになっているからである。スポーツ指導者や運動場に予算を投じるよりも良い先生や良い教科書に回してほしいと思う親がいても、まずは過半数を説得して予算計画全体を変えさせない限り、自分の意見を通すことはできない。市場は個人の好みを満足させるようにできており、言わば効果的な比例代表制をとっているのに対し、政治は多数派に従うことを要求するが、学校予算の問題はその一例と言えよう。また、子供の教育にもう少しお金を出してもいいと思う親がいても、おいそれとそうはできない。たとえば、いま通っている学校の費用にいくらか足し前をして私立学校へ転校させることは、できない相談である。転校させるなら、不足分だけでなく私立学校の学費全額を負担しなければならない。親がいくらか余分に教育投資をしたいと思ったとき、簡単にお金を出せるのは、音楽やスポーツなどの課外活動だけである。このように個人として足し前をする道が閉ざされているため、「子供の学校教育にもっと投資を」という声が上がれば、結局は政府支出をどんどん膨らませる結果になる。それも、学校教育に政府が介入する基本的理由とはあまり関係のない項目への支出が増えることになる。

以上を総合すると、先に挙げたバウチャー制を導入したときに、政府の学校教育支出は減っても、国全体でみた学校教育への支出総額が増える可能性は大いにある。* 親は自分が望むものをすんなりと手に入れられるようになるので、いま直接間接に税金の形で払っているよりも多くの額を教育費に回すようになるだろう。また現状では、親が予算の使途に口を出す余地がほとんどないうえ、ふつうに考えられる教育とはかけ離れた目的のために税負担を増やすのは、現在就学児がいない人や将来もその可能性のない人の賛同を得にくいため、予算の拡充はおぼつかない。その結果、就学児のいる親は学校教育予算に不満を抱いているが、バウチャー制ならこの問題も解消し、親は学校教育にもっとお金を出せるようになる。

次に教員の給与だが、こちらは平均して低すぎることではなく（もしかすると平均では高いかもしれない）、一律で硬直的だということが問題である。お粗末な先生には払いすぎで、優秀な先生には払い足りない。給与はおおむね一律で、実力よりも年功や取得学位や教員免状などに左右されがちだ。これまた、政府が学校を運営する現行制度に避けられない弊害と言えよう。政府が介入する規模が拡大するほど、こうした傾向は助長される。教員組織が市町村から州へ、州から連邦へと規模の拡大を支持するのはこのためだ。官僚的な組織では給与の画一化はまず避けられず、能力に応じて給与に差が付くような競争を導入するのは、およそ不可能と言ってよい。主に発言権を持つのは教員自身で、親や地域社会は口を出せない。じつは教員に限らず大工や鉛管工であれ誰であれ、労働者の大半は給与の均等化を歓迎し、能力給に反対するものだ——何と言っても、とびぬけて優秀な人はそうはいないのだから。組合にせよ企業にせよ、結託して価格を維持したがるのはいつものことであり、給与はその顕著な例に過ぎない。とは言えそうした共謀行為は、ふつうは競争によって根絶やしにされるはずである。だが政府がこれに加担したり後押ししたりするようなら、いつまでも続く。

　創意工夫に富み勇気と自信にあふれる先生を追い払い、魅力もやる気もない凡庸な先生ばかり寄せ集めた教員採用制度と給与体系をつくりたい——そういうつもりなら、現行制度を見習えばよろしい。つまり多くの大都市や州で実施されているやり方、教員免状の取得を義務づけ画一化された給与体系を押しつける制度をお手本にすればよい。こうした制度にもかかわらず小中学校の先生の質がこれほど高いのは、まことに意外と言うべきだろう。現行制度に代え

＊同じような例は、分野は違うが、英国の国営医療制度である国民保険サービス（ＮＨＳ）でも見られる。この方面でのＤ・Ｓ・リーズの研究は、きわめて入念で示唆に富む。「ＮＨＳの予算は巨額どころか、自由市場の場合に消費者が投じたはずの金額に比べればずっと少なかった。とくに病院建設費は嘆かわしいほど少なかった」ことをリーズはかなりの精度で立証した。"Health Through Choice", *Hobart Paper 14* (London: Institute of Economic Affairs, 1961), p.58.

て競争原理が働く制度を導入すれば、優秀な先生に報い有能な人材を呼び込めるようになるので、現在の問題点の多くが解決すると期待できる。

アメリカではいったいなぜ、学校教育への政府の介入が現在のような形に発展してきたのだろうか。この問いに自信を持って答えるには教育の歴史についての知識が必要だが、残念ながら私はそれを持ち合わせていない。したがって推測の域を出ないのであるが、適切な社会政策が時代を経て変わるにいたった要因をいくつか挙げておくことにしたい。率直に言って、教育バウチャー制は、一世紀前には適切とは言えなかったと思う。まず交通機関が普及する前は、技術的独占がいまよりはるかに起きやすく、したがって政府介入の根拠が強力だった。それに一九世紀から二〇世紀前半にかけてのアメリカでは、多様性を育てるよりも共通の価値観を育てて安定した社会をつくることが重要だったという事情も忘れるわけにはいかない。その頃は世界中から移民がアメリカにどっと押し寄せていた。海を越えてきた人々は言葉も違えば習慣も違う。「人種のるつぼ」と化したアメリカでは、共通の価値観が守られ重んじられるようにする方が先決だった。この重要な役割を果たしたのが公立学校である。このとき、英語を共通語としたことがとくに効果的だったと思われる。もしも当時バウチャー制をとったとしても、学校の認定条件として英語の使用を義務づけることは可能だったかもしれないが、私立学校にそれを要求し確実に守らせるのはかなりむずかしかっただろう。だからと言って公立学校制度の方が公立・私立共存のバウチャー制度より好ましいと言うつもりはないが、当時そう主張すれば、現在よりはるかに説得力があったにちがいない。しかし、今日では共通の価値観の浸透はもはや課題ではなくなり、むしろ行きすぎの懸念すらある。いま望まれるのは多様性を育てることだ。そのためにはバウチャー制の方が、政府が運営する学校制度よりはるかに効果的である。

一世紀前といまとで大きく変化したと推測される要素は、ほかにもある。一世紀前には、個人への現金支給は施しのようだと疎まれていたことに加え、バウチャーの配布や使用状況の監視を効率よく行えるような行政組織が存在しなかったことである。そうした組織は近年になってできたもので、個人への課税や社会保障プログラムの急拡大と歩調をそろえて拡充された。こうした行政組織がなかったら、政府が教育に金を出すには運営ごと引き受けるしかないと私も考えていたかもしれない。

イギリスやフランスの例で紹介したように、バウチャー制は現行の教育制度でもすでに一部実施されている。もともと欧米ではこの種の仕組みを求める声が強く、しかもそうした声は高まっているように思う。これは、バウチャー制の円滑な運営に欠かせない行政組織が発展したことと無関係ではあるまい。

現行制度からバウチャー制に移行し新制度を運用するにあたっては、行政手続き上の問題がいろいろと発生するだろう。しかしとくに困難な問題はなく、十分に解決可能と考えられる。他分野の民営化例と同じく、既存の土地・施設や設備は新規参入する民間企業に払い下げればよいので、移行に伴う資本の無駄は発生しないはずだ。また地域によっては政府による学校運営が継続されるので、移行は段階的にスムーズに進むと期待できる。さらに、アメリカをはじめ一部の国では地方自治体が学校運営をしていることも、有利な材料である。小規模な実験が可能になるので、移行は一段と容易になろう。補助金交付をどの政府機関が行うか決めるのは、たしかにむずかしい問題である。しかしこれは、現行制度下でどの子供をどの学校が受け入れるのかを決めるのと同じと言える。また、州や市によって補助金額が違い、ある州が他の州より魅力的になるという問題も出てくるかもしれない。しかしこれも、現在すでに学校教育の質にばらつきがあるのと同種の問題と言える。新たに出てくる問題は、子供をどの学校に通わせるか選択の自由が増えるために、それを濫用する機会が増えることだけだ。制度運営上の困難を言い立てるのは改革抵抗派の常套手段だが、こと学校教育に関しては、他の場合よりさらに現状維持の論拠は薄いと言わざるを得ない。というのも現行制度は、以上で指摘した不備に加え、政府が学校運営を行うことの弊害にも対処しなければならないからである。

大学教育

ここまでの議論は主に小中学校教育に関するものだった。高等教育で政府が学校運営をするのは、外部効果を理由にするにせよ、技術的独占を理由にするにせよ、基礎教育の場合以上に根拠に乏しい。初等教育については、民主主義社会の市民にふさわしい教育の内容について、ほとんどの人の意見が一致する。まずもって読み書き算術の類を教えればよろしい。しかし高等教育になるほど、意見は一致しなくなる。アメリカでは大学以前の教育についても意見の不一致は甚だしく、相対多数はもちろん過半数が賛成する意見であっても、全員に押しつけるのはいかがかと思われる。ここまで一致しないなら、補助金を出すことの妥当性にまで不一致がおよんでも不思議ではない。まして共通の価値観の浸透を理由に政府に学校運営をさせよとの主張が議論を呼ぶのは言うまでもない。また小中学校より上の段階の教育になると、生徒が通学できる範囲が広がるので、技術的独占の問題はほとんど発生しない。

アメリカでは、高等教育で公立学校が果たす役割は、小中学校教育に比べると相対的に小さい。それでも州立・市立などの公立大学は、一九二〇年代頃まで増え続けてきた。このため、いまや単科大学・総合大学を合わせると大学生の半分以上が公立大学に通っている*。公立大学が発展した最大の理由は、私立大学に比べて学費が安いからだ。ほとんどの州立・市立大学の授業料は、私立大学の経営が成り立つ額よりもはるかに少ない。このため私立大学は深刻な財政難に追い込まれ、「不公正」な競争を強いられているとの不満の声が強い。もっともだと言えよう。私立大学としては政府からの独立性を維持したいのはやまやまだが、財政上の理由から政府に援助を求めざるを得ない立場に追い込まれたと感じている。

以上の点から、どんな方向で問題を解決できそうかがみえてくる。高等教育に政府が補助金を出すこと自体は、若者をよき市民またよき社会の指導者に育てる手段であるという理由から、妥当と言えよう。ただし、純然たる職業訓練に現在投じられている補助金の大部分はこの理由では正当化できないし、あとで述べるように、他の理由でも正当化できない。また政府が運営する学校に通う場合にしかその補助金の恩恵を受けられないという現在の状況は、断じて正当化できない。どんな補助金も個人に与え、その個人が自分で選んだ学校で使えるようにすべきである。このとき付けてよい条件は、その学校が補助金を出すのにふさわしい学校であるということだけだ。さらに現行の公立大学はコストをカバーできるだけの学費を請求し、私立大学と対等の条件で競争すべきである。** こうすれば、連邦政府ではなく州政府が補助金を出すという違いはあるが、おおむね第二次世界大戦後のアメリカで実施された復員軍人教育プログラムと同じような制度になるだろう。

そうした制度が採用されれば学校間の競争が激化し、各校の資源は有効活用されるようになるだろう。私立大学は政府に直接援助を求める必要がなくなるので、独立性と多様性を維持でき、公立大学に対抗して実績を伸ばせるようになる。また補助金を出す目的が厳しく吟味されるという余録も期待できそうだ。人ではなく学校に補助金を出すやり方では、政府が補助を出すことが適切かどうかが問題にされず、学校で行うのが適切と判断された活動には手当たり次第補助が出るという結果を招いた。しかし少し調べれば、前者と後者はいくらか重なり合うにせよ、けっして同じではないことがすぐにわかる。

人に補助金を出す制度の方が公正であることは、大学教育では一段とはっきりしている。

* George J. Stigler, *Employment and Compensation in Education* ("Occasional Paper" No.33, [New York/ National Bureau of Economic Research, 1950]), p.33.

** ここでは基礎研究に要するコストは無視している。考察の対象が拡がりすぎるのを防ぐため、学校教育を狭い意味で解釈した。

というのも、大学教育では多種多様な私立学校が現実に多数存在するからだ。このような状況で公立大学に補助金を出すのは、たとえばオハイオ州が住民にこう言うのと同じことである。「お子さんが大学進学を希望し、入学基準を満たしているのであれば、自動的に四年間の奨学金を提供しましょう。ただし、オハイオ州立大学を選ぶことを条件とします。お子さんあるいは親御さんがイェール、ハーバード、ノースウェスタン、ベロイト、シカゴ大学などオハイオ州立大学と同じ総合大学を希望する場合はもちろん、オバリン大学などの教養大学やウェスタン・リザーブ大学などの研究大学を希望する場合にも、ビタ一文支給いたしません」。こうしたやり方のどこが妥当と言えるだろうか。オハイオ州が高等教育に投資したいのなら、どこの大学にも通用する奨学金として出し、オハイオ州立大学を対等なフィールドで他大学と競争させる方が、はるかに公正ではないだろうか。またそうすることによって、教育の質的向上にも貢献できるだろう。*

職業教育・専門職教育

職業教育をする学校や、医師や弁護士など高度な専門職の教育をする学校には、先に挙げた基礎教育が持つ外部効果はない。このような教育は言わば人的資本への投資であり、機械や建物など物的資本への投資と基本的に同じである。となれば、投資の目的は、人的資本の経済生産性を高めることとなる。この目的が達成されれば、市場経済においては、教育を受けなかった場合より高いリターンを手にするという形で見返りが得られる。** こうしたリターンの差が投資の誘因として働くのは、投資対象が機械設備でも人間でも変わらない。どちらの場合にも、かけたコストに見合うだけのリターンが得られることが必要だ。職業教育の場合、主なコストは、教育を受けている間に失われる所得、収入を得る時期が遅れることによって失われる利子、授業料・教科書代・施設費などの費用である。設備投資の場合の主なコストは、建物や設

＊イリノイ州ではなくオハイオ州を例にとったのは、本章のもとになる論文を書いた一九五三年以降、イリノイ州ではある程度まで私の提案に沿った措置が採用されたからである。同州では私立大学でも使える奨学金が支給されるようになった。カリフォルニア州でも同様の措置がとられている。バージニア州では同様の措置を基礎教育で採用したが、これは人種差別を防ぐというまったく別の理由からである。バージニア州の事例については第七章で検討する。

＊＊リターンは、金銭的利益や報酬ばかりではない。職業訓練を受けたことで職に就けるといった金銭以外のメリットもあるだろう。もっともその職業には金銭以外のデメリットがあるかもしれないので、それはコストの方に計上しなければならない。

備の建設費と建設期間中に失われる利子である。どちらの場合にも、そうしたコストをかけるだけのリターンが得られると思えば、投資意欲が湧く。* そしてどちらの場合にも、個人が投資をすると決め、政府は補助金も出さず得られた利益に課税もしないなら、投資家（またはその親、後援者、保護者）が投資に伴うコストをすべて負担し、リターンをすべて手にすることになる。しかし政府が関与するとそこが曖昧になり、個人の教育投資が歪められることになりやすい。

人的資本に投資する資金は、市場を通じて間接的に調達することもできるし、本人が出すか親からもらうなど直接的に調達することもできる。いずれにせよ、人的資本への投資資金が物的資本への投資資金とおなじぐらい簡単に調達できるなら、両者の投資リターンは収斂するはずだ。もしも物的資本の投資リターンの方が大きいなら、親は子供の職業教育に金を出すよりも、子供にそちらを買ってやるだろう。物的資本の投資リターンの方が小さいなら、逆のことが起きる。そして経験的事実からすると、人的資本に投資する方が物的資本に投資するよりリターンがはるかに高い。これほどの差が出るのは、人的資本への投資が少なすぎるからだと考えられる。**

その理由は、おそらく資本市場が不完全だからである。人的資本に投資しようとしても、物的資本と同じ条件では資金が調達できない。いや、そもそも調達自体がはるかにむずかしくなる。その理由は明白だ。物的資本に投資する目的である額を借りたとしよう。この場合、貸し手はその物的資本そのものに抵当権か残余財産分配請求権を設定して担保を確保できる。また万一債務不履行となった場合にも、物的資本を売れば貸付金の一部なりとも回収することが可能だ。しかし同じ金額を、人的資本の生産性を向上させる目的で貸すとしよう。明らかにこの場合には、物的資本のように担保を確保することはできない。奴隷制が認められていない国では、投資対象の人間を借金のカタとして売るわけにはいかないのだ。たとえそれができたとしても、担保としての価値は低い。というのも、物的資本であれば借り手の意思とは無関係に所期の生産性を発揮してくれるが、人的資本の生産性はそうはいかないからだ。このように、将来の稼ぎ以外に何の保証もないような個人の職業教育に融資するのは、不動産や設備への融資に比べるとはるかに魅力に乏しい。貸し倒れの危険が大きいうえ、利子と元本の回収コスト

＊職業選択についての詳しい考察は、Milton Friedman and Simon Kuznets, *Income from Independent Professional Practice* (New York: National Bureau of Economic Research, 1945), pp. 81-95, 118-37 を参照されたい。

＊＊G.S. Becker, "Underinvestment in College Education?" *American Economic Review, Proceedings* L(1960) 356-64; T.W. Schultz, "Investment in Human Capital", *American Economic Review,* LXI (1961), 1-17.

はひどくかさむことになる。

さらに厄介なのは、職業教育投資を目的とした固定金利の融資はそもそも不適切だという事実である。この種の投資は必ず大きなリスクを伴う。なぜなら、投資リターンは平均すれば高いかもしれないが、ばらつきがかなり大きいからだ。本人が死んだり怪我をしたりする可能性があることはもちろん、それ以上に能力や努力に差があり、また運にも左右されることが大きい。つまり将来の収入だけを担保に教育費を貸し付けた場合、相当額が貸し倒れに終わりかねないのである。貸倒損失を埋め合わせられるほど高い名目金利を設定すれば、貸し手にとっては都合がいいが、それほどの高利となれば利息制限法に抵触するだろうし、借り手にとっては全然魅力がないだろう。* では、リスクの大きい投資では、どうすればいいだろうか。その一つの答が、株式会社である。貸し手は会社の持分である株式を買い、その分だけ有限責任を負う方法だ。これを教育に当てはめるなら、個人の将来所得の持分を買うということになろう。必要な教育資金を貸し与え将来の所得から一定比率を返済してもらう、一種の出世払いである。ちょうど株式ポートフォリオを組むようにして、いろいろな投資相手を組み合わせればよい。こうすれば貸し手は出世した借り手から投資資金を十分以上に回収し、実を結ばなかった投資の分を埋め合わせることができる。

この種の持分投資契約を個人と結ぶのは、経済的には所得稼得力の一部を買いとることになるので、その人を奴隷化すると言えなくもない。が、とくに法律的に問題はないように思われる。借り手貸し手双方にとって有益と考えられるにもかかわらず、そうした契約が一向に普及しないのは、一つには、管理コストがかかりすぎるからだ。人間は自由に移動できるうえ、正直に所得申告をしてくれるかどうかが心許なく、また契約期間も長期にわたることが予想される。まして少額の借り手があちこちに住んでいるといった場合には、コストは一段と膨らむだろう。この方面で民間資本が活用されなかったのは、こうしたコストが嫌われたせいかもしれない。

だが、他の要因がいくつも重なったためとも考えられる。まず、この考え方はいかにも新奇である。また、人的資本への投資を物的資本への投資と同列に扱うことに対して抵抗感があ

＊こうした阻害要因があるにもかかわらず、スウェーデンでは教育ローンが普及し、低利で提供されているという。これは、同国ではアメリカに比べ大学卒業者の所得のばらつきが小さいからだろうか。しかしこれですべて説明できるとは思えない。実際にこうした違いが出てきている理由はほかにもっとありそうだ。スウェーデンの事例や類似の事例のくわしい調査が待たれる。そうすれば、アメリカなどで職業教育ローン市場が発達しないのは先に挙げた原因で説明がつくのか、それとも他に対処可能な要因があるのかを検証できるだろう。
近年のアメリカでは、大学生向けの個人ローンが発展してきた。これは心強い限りである。推進しているのは非営利団体の全米学生援助基金で、民間銀行が提供するローンの保証人を同基金が引き受けている。

るから、自発的に結んだ契約であっても、世間から謂れなき非難を浴びかねない。さらに、専門職教育投資に最も適した金融サービス機関は生命保険会社だが、保険会社の投資は法律や慣習に縛られている。この種の投資の場合、とくに早期参入者には大きな利益が期待できるので、多額の管理コストが発生しても十分元が取れると私は思っているのだが*。

理由はどうあれ、人的資本への投資不足が市場の不完全性に起因することはまちがいない。したがって投資の拡大を妨げてきた原因が管理コストならば技術的独占を理由に、また市場の摩擦や硬直性が原因なら市場機能の改善を理由に、政府の介入は正当化し得ることになる。

では実際に政府が介入するとしたら、どのような形が好ましいだろうか。最もあからさまな介入は、税収から捻出して職業教育や専門職教育を行う学校に補助金を出すことであり、政府はもっぱらこのやり方をとってきた。しかしこのような形は明らかに好ましくない。投資というものは、〔投下資本+市場金利〕をまかなうだけのリターンを生み出せなければならない。人的資本に投資する場合の超過リターンは、投資しなかった場合よりも高い報酬という形で表れる。市場経済において個人がこの投資をすれば、個人所得としてリターンを手にするわけだが、この投資資金が補助金でまかなわれるなら、コストを全然負担しなかったことになる。したがって入学基準を満たす志望者全員に補助金が出されるとしたら、人的資本への投資はむやみに増えかねない。なぜなら、金利はおろか投下資本を回収できるだけのリターンが上がらなくとも、個人にとっては自己負担費用を上回るリターンが得られるなら、それだけでもこの種の教育は十分に魅力的になるからだ。こうして職業教育や専門職教育を受けたがる人がどっと増える。すると過剰投資を防ぐために、政府は補助金額を制限せざるを得まい。「適正」な補助金額の算定がむずかしいことはさておくとしても、このやり方では応募者が増えすぎて補助金ではまかない切れなくなり、結局は限られた財源を裁量的に割り当てることになる。うまいこと補助金を獲得できた人は、リターンすなわち高い報酬をまるまる懐に入れ、コストの方はおおむね納税者が負担する。これは裁量的な所得の再配分にほかならず、公正なやり方とはとても言えない。

＊この事業をどう運営するか、利益を上げるにはどんな戦術をとるといいかを考えてみるのはなかなか楽しい。おそらく早期参入者は、高いハードルを設定して候補者をふるい分けられるので、非常に有望な投資対象を選別することができるだろう。そうすれば投資した相手が大いに出世する可能性が高いので、投資は回収しやすく、採算はとりやすくなる。「グッドハウスキーピング誌お墨付きの洗濯機」よろしく「XYZ保険が出資する職業教育」ということになれば、希望者はますます増えるだろう。またXYZ保険は、自社が育てた外科医や弁護士や歯医者に保険その他のサービスを提供することができる。

必要なのは所得の再配分ではなく、人的資本に投資する資金が、物的資本に投資する資金と同じ条件で調達できるようにすることである。自分自身への投資のコストは自分で負担し、見返りもすべて自分が受け取るようにすべきだ。個人がコストを引き受けようというときに、市場の不完全性に邪魔されてはならない。そのための一つの方法として、先ほど述べたが、ちょうど会社の株に投資するように、個人に持分投資する仕組みを政府が用意することが考えられる。最低基準を満たす応募者全員に、職業教育や専門職教育を受けるための資金を政府機関が貸し付けるか融資を斡旋すればよい。学生は、認定校で使うことを条件に、あらかじめ決められた期間にわたって毎年一定額を受け取る。その見返りとして、将来基礎所得を超える所得があった場合、政府から受け取った一〇〇〇ドルごとに超過所得の一定比率を毎年政府に返済することに同意する。この返済は所得税の納税と一緒にすればよいので、追加の事務費はさほど発生しないだろう。基礎所得は職業教育を受けなかった場合の平均所得に等しく設定し、政府への返済比率は、この融資事業が独立採算で成り立つように設定する。この仕組みなら、政府から教育資金を借りた人は、コストを全額自分でまかなうことになる。したがって投資の選択は個人に任せればよい。政府は職業教育・専門職教育費の融資をこれ以外には一切行わないこと、卒業生の所得計算には融資を受けた教育のコストとリターンをすべて反映させることという二つの条件が満たされる限り、個人の自由な選択に委ねれば、最適額の投資が行われる。

もっともいま挙げた二つのうち二番目の条件は、完全には満たされそうもない。というのも、金銭に表れない無形の価値を所得計算に含めるのはほとんど不可能と考えられるからだ。したがって、現実にはこのやり方でも人的資本への投資は不足気味になり、また偏りも出るだろう。*

この融資制度の運営は、民間金融機関や非営利組織（財団や大学など）に委ねるのが望ましい。その最大の理由は、基礎所得や政府への返済比率を決める明確な基準がないので、政治的駆け引きの餌食になりかねないことである。現在入手可能な職業別の所得統計だけでは、この事業で採算をとるための正確な数字ははじき出せない。また基礎所得と返済比率も、ちょうど生命保険料が平均余命に応じてこまかく決められているように、職業ごとの予想稼得能力に応じてきめ細かく設定する必要がある。

*この但し書きを付けるよう助言してくれたのはハリー・G・ジョンソンとポール・W・クック・ジュニアである。さまざまな職業の所得を算定するときに考慮すべき金銭に表れない無形の価値と不利益については、フリードマンとクズネッツの前掲書でくわしく論じた。

管理コストがかかりすぎるという理由から民間部門ではできないなら政府がやることになるが、その場合に適しているのは連邦政府であって、州政府やそれ以下の単位ではない。もし州政府が引き受けたら、貸した相手を追跡するだけで、保険会社並みのコストが発生するだろう。しかし連邦政府であれば、コストを最小限に抑えることができる。もっとも、その相手がどこかの国に移住してしまうかもしれないので、完全になくすことはできない。移住しても政府への返済義務が法的にも道義的にもあるはずだが、それでも、履行させるのは困難で費用もかかると予想される。となれば、高所得を手にした人ほど海外へ移住したくなるかもしれず、現に所得税を巡ってはそうした問題があちこちで起きている。ほかにも連邦政府が行う場合の制度運営上の問題はいろいろとあるだろう。それらはたしかに厄介ではあるが、枝葉末節であって、本質的に重大とは思われない。重大なのは、先ほど述べたように、政治絡みの問題である。政治家の駆け引きに使われた挙げ句、独立採算のはずの事業が補助金を出す手段と化してしまうことを防がねばならない。

こうした危険性はあるが、また機会もある。現在は資本市場が不完全であるために、医師や弁護士などの専門職に就くための学費のかさむ教育は、裕福な親か後援者を持つ人でないとなかなか受けられない。そうした人たちは、能力がありながら学費を捻出できない大勢の人を尻目に、ぬくぬくと競争を回避している。これでは富や社会的地位の格差はいつまで経ってもなくならない。いま説明したような仕組みを導入すれば、資本は広く活用されるようになり、機会の均等が実現し、所得と富の不平等は減り、人的資源の活用も進むだろう。所得の直接的な再配分は対症療法に過ぎず、競争を妨げ、投資意欲を削ぐが、この方法ならば競争を活性化させ、意欲を刺激し、不平等の原因を取り除く効果が期待できる。

第 7 章

資本主義と差別

alism and

on

CHAPTER 7 Capit
Discriminatic

かつて特定の宗教や人種などを機縁とする社会集団は、経済面で不当な扱いを受けてきた。しかし資本主義の発展とともにそうした差別が大幅に減ったのは、誰の目にも明らかな歴史的事実である。遡ってみれば中世時代の農奴は、世襲の身分制度に代わって契約関係が登場したときに解放された。そしてユダヤ人は、市場が存在したおかげで中世を通じて生き残ることができた。迫害され公職に就くことは許されなかったが、商売で生計を立てられたからである。また清教徒やクエーカー教徒は、生活面で何かと不利な扱いを受けたにもかかわらず、市場で稼いで貯めたお金でアメリカへ移住することができた。さらに南北戦争後の南部諸州は、あれこれ策を講じては黒人の法的権利を制限したけれども、財産の私有を禁じることだけは絶対にしなかった。別に、黒人に不自由な思いをさせることに良心の呵責を感じたからではない。私有財産制を守り抜くという強い信念が、黒人差別の誘惑に打ち勝ったのである。私有財産制と資本主義の原則が貫かれたおかげで、黒人にも道が開け、地位の向上につながった。私有財産制が認められていなかったら、とてもそうはならなかっただろう。一般にどんな社会でも、独占に近いことが行われている分野では差別が続きやすい。これに対して自由な競争が行われている分野では、人種や宗教の違いによる差別は起きにくい。

歴史がこのように証明しているにもかかわらず、資本主義社会を根底から変えなければならないと声高に主張するのは、少数集団に帰属する人が非常に多い。第一章でも指摘したとおり、これはじつに逆説的な現象である。彼らは、市場のおかげでいまのように差別が減ったのだということを認めようとせず、なお残る差別は市場に原因があると思い込んでいる。

すでにみてきたように、市場では経済効率が最優先され、それと無関係の要因は切り離される。第一章にも書いたが、パンを買う人は、小麦を栽培したのが白人か黒人か、キリスト教徒かユダヤ教徒かなど気にしない。したがって小麦の生産者は、社会通念などにおかまいなく人種や宗教を無視して労働者を雇えるので、資源を効率的に活用できる。さらに重要なことがある。市場には、個人に備わったさまざまな属性から生産性だけを切り離す働きもあることだ。ある経営者が自分の事業で、生産性とは無縁の個人的な好みにこだわるとしよう。この経営者は、そうでない経営者に比べると不利になる。なぜなら、生産性の低い選択肢を選ぶ可能性があるという余分なコストを引き受けることになるからだ。したがって市場経済においては、このような経営者は脱落する可能性が高い。

同じような現象は広く社会でも見られる。人種や宗教や皮膚の色などを理由に差別する人は、他人を不利に陥れるだけで自分は不利にならないと考えられている。これは、輸入品に高い関税をかける国は他国を不利にするが自国は有利になるという見方と根は同じである。*だがどちらもまちがいだ。たとえば、黒人からモノを買ったり黒人と一緒に働くのはいやだという人は、選択の幅を自ら狭めている。この人は高いモノを買う羽目になるかもしれないし、高賃金の職が見つからないかもしれない。逆に皮膚の色や宗教にこだわらなければ、安く買えることになる。

以上から、差別をどう捉えるかには現実的な問題が絡んでくることがおわかりいただけた

＊ゲーリー・S・ベッカーは、差別に関連する経済問題を取り上げて徹底的な分析を行い、差別は外国貿易および関税と理論的には同根であることを示した。くわしくは、G.S. Becker, *The Economics of Discrimination* (Chicago: University of Chicago Press, 1957) を参照されたい。

と思う。差別をする人は、その代償を払わされる。つまり「差別の結果」を「買う」羽目に陥るのである。差別とは、所詮は受け入れ難い他人の「好み」にほかならない。たとえば、ある人が歌手Aの歌を聴くために歌手Bの演奏会より高い料金を払うとしても、それを「差別」とは言わない。少なくとも不当とは思わない。だが、ある人種から受けるサービスに対して、別の人種に払うより高い料金を払ったら、「差別」とみなす。しかし両者の違いはといえば、前者は容認できる好みだが後者は容認できない好みだということだけである。ある家の主人は醜い召使いより美しい召使いを好み、別の家の主人は黒人の召使いより白人の召使いを好むとしよう。両者の間には、前者の好みには同意できるが後者にはできないという以外に何か原理的な違いがあるのだろうか。ここで言いたいのは、どれも好みなのだから容認せよということではない。逆である。皮膚の色や親の宗教といったものは、それだけで人を好きになったり嫌いになったりする理由になるべきではない。人は外面的な特徴で判断されるべきではなく、人格や行動から判断されるべきだと固く信じる。この点で私と好みが一致しない人がいることは承知している。彼らの好みは私に言わせれば偏見や狭量であり、じつに嘆かわしく、軽蔑せざるを得ない。とは言え、言論の自由の上に成り立っている社会で私のとるべき道は、その好みはよろしくない、考えを変え行動を変えてはどうかと説得にこれ努めることである。私の好みを無理矢理押しつけることではない。

公正雇用慣行法(FEPA)

アメリカの多くの州で、公正雇用慣行委員会が設置されている。この委員会の役目は、人種、皮膚の色、宗教などを理由とした雇用上の「差別」を取り締まることだ。しかし公正雇用慣行法は、個人が自発的な雇用契約を取り交わす自由を明らかに侵害している。同法の下では雇用契約はすべて州の許認可の対象となるが、これは自由への干渉にほかならない。この種の干渉に、自由主義者はつねに反対する。しかもこの法律は当初の狙いとは裏腹に、本来対象でなかった行為が取り締まられる結果を招きかねない。これは、自由への干渉につきものの弊害である。

ここでは、黒人を毛嫌いする地区で営業している食料品店を例にとって考えてみよう。このうちの一軒で店員を募集したところ、基準を満たす最初の応募者が黒人だったとする。そして、そういう応募者を雇わなければならないと定めた法律があるとしよう。法律に従えばお客が減ることは避けられず、店主は損失を被ることになる。その地区の黒人嫌いがひどければ、店はつぶれるかもしれない。法律がなければ、店主は黒人ではなく白人を雇おうとするだろう。しかしそれは何も店主自身の好みや偏見からではなく、地域の好みを考慮しただけかもしれないのだ。となれば店主は、消費者が喜んで払ってくれるようなサービスを提供しているとも言える。にもかかわらず、法律はそうした行為、すなわち黒人より白人の店員を好む地域性に従う行為を禁じている。そのような法律で割を食うのは店主であり、ことによると損害を被るのは店主だけかもしれない。そもそも法律が禁じようとしたのは黒人を毛嫌いする消費者の傾向の方だが、当の消費者は実害を被らない——店が一軒つぶれて競争が減り、その結果として食料品の値段が高くなるということでもあれば別だが。この店主の例は、広く他の場合にも当てはまる。経営者が生産性とは無関係な理由を容認する雇用方針を打ち出すときは、たいていは顧客か社員の好みに配慮しているのだ。いま述べたように、そうした好みのために自分が損を被るとなれば、経営者は何とか避けようとする。

公正雇用慣行法の支持者は、個人が自発的に雇用契約を結ぶ自由に干渉してよい理由として、次のようなことを言う。黒人と白人の労働生産性が同じでどちらも及第点がつけられる場合に、経営者が黒人を雇うことを拒否すれば、黒人は損害を被る。言い換えればこの経営者は、特定の人種や宗教団体に属す人の雇用機会を狭め、損害を与えているという。しかしこの主張では、損害の種類が甚だしく混同されている。損害には二通りあり、両者はまったく異なるものだ。第一は、強制による損害である。暴力を振るわれるとか、脅されて契約に署名させられるなどがこれで、端的に言えば、棍棒で殴りつけられる類だ。少しわかりにくいが、第二章で論じた上流の住人に汚物を流された場合も、これに当たる。そして第二は、強制によらない損害である。この損害は、契約交渉で双方が合意にいたらないときなどに発生する。たとえば、ある人が私に売りたがっている品物を私が買おうとしないため、その人の儲けが減る場合がそうだ。もう一つ例を挙げよう。ある国では、ブルース歌手の方がオペラ歌手より人気があるとしよう。その国では、ブルース歌手の方がまずまちがいなくオペラ歌手より経済的に有利になるだろう。ブルース歌手志望者は仕事にありつくが、オペラ歌手志望者はあぶれるという事態も起こり得る。これは要するに、ブルース歌手は消費者が金を払ってもいいと思うサービスを提供できるのに対し、オペラ歌手はそうではないからだ。この場合、オペラ歌手は国民の好みのせいで損をしたと言えるだろう。しかし好みが逆であれば、今度はブルース歌手が損をすることになる。この種の損害は強制力でもって押しつけられたのではないし、本人以外に損や得をさせることもない。損害を強制されたのであれば、強制力の行使を防ぐために政府を活用するのは妥当と言える。だが、強制されてもいない損害を防ぐのに政府を使う理由は何もない。むしろ政府の介入は自由を損ない、自発的な協力の余地を狭める。

公正雇用慣行法では、もしも他の分野で適用したなら同法の支持者でさえ身震いするような原則が容認されている。「皮膚の色や人種や宗教を理由に雇用で差別してはいけない」と州法で定めるのが妥当だと言うなら、「皮膚の色や人種や宗教を理由に雇用で差別しなければならない」と定めるのも、過半数の賛成を得ていれば妥当だということになる。ヒトラーのニュルンベルク法（ドイツ人の血と尊厳の保護のための法律）も、黒人の法的権利を制限する南部諸州の法律も、公正雇用慣行法と基本理念は同じなのである。だから、公正雇用慣行法には賛成だがニュルンベルク法や南部の法律には反対だという人は、その根拠として基本理念がまちがっていると主張することはできないし、そうした国家の行為は許されないと主張することもできない。せいぜいできるのは、価値基準が穏当でない、ドイツ人の血と尊厳ではなく別の価値基準を採用せよと説得することぐらいである。

いまここで歴史を振り返り、個々のケースを大きな原則ではなく利害に基づいて決定することにしたら、大多数の人がどの種のことになびくか考えてみてほしい。そう考えてみれば、差別つまりは好みの問題について政府の関与が広く支持を得るような事態は、まったく好ましくないことがわかる。いま公正雇用慣行法に賛成の人でさえ、そう考えるだろう。同法の支持者がいまのところ自分たちの意見を押し通せるのは、現在の憲法や連邦制の下では、一部地域の多数集団が優位に立っているからにほかならない。

だが、少数集団が自己の利益を守るために多数集団に頼るのは、まずもってひどく近視眼的な行為と言わざるを得ない。ある分野で差別を禁じる命令が承認されれば、たしかにその分野では多数集団は該当する少数集団を搾取できなくなるだろう。しかしそうした命令がない分野では、多数集団は自分たちの力にモノを言わせ、自分たちの好み（あるいは偏見）を押し通すことができるのであって、多数集団の偏見から少数集団を守ろうとは思うまい。

これを、いささか極端な別の例で考えてみよう。ある人が、現在の黒人蔑視は好ましくないとつねづね考えており、黒人は本来得るべき機会を不当に奪われていると信じているとしよう。そこでこの人は、自分の信念を実践するために、ほぼ等しい能力を備えた求職者がいるときは必ず黒人を採用しようと決心する。現状では、この経営者はそうした行為を禁じられるべきだろうか。公正雇用慣行法の理念からすれば、当然禁止されるべきだということになる。

今度はこの問題を、言論に置き換えて考えてみよう。公正な雇用をめざすとすれば、言論に関しては「自由な言論」ではなく「公正な言論」をめざすということになる。こう考えると、言論の自由にも公正雇用慣行法にも賛成している米国自由人権協会（ACLU）の主張は、まったく矛盾しているように思われる。言論の自由はなぜ望ましいのか——その一つの答として、何が公正な言い分かをその時々の多数派が決めるような社会はよくないからだと言うことができる。自由主義者が求めるのは、言わば自由な意見交換市場だ。市場では、はじめは少数派の意見もやがて多数派になり、万人に近い支持を得るチャンスがある。まさに同じことが雇用にも当てはまるし、広くはモノやサービスの市場にも当てはまる。その時々の多数派が、この意見は妥当だとかそうでないとか決めるのは望ましくないのと同じように、人間のこの属性は雇用の基準として妥当だとかそうでないとか決めるのは、望ましくない。それにモノやサービスの自由交換ができなくなるようなら、意見の自由交換もできまい。米国自由人権協会は、言論の自由を標榜する立場上、人種差別主義者が街頭で人種差別を訴える権利を最後まで守り抜くだろう。だがその同じ人種差別主義者が自分の信念に従って黒人の雇用を拒否したならば、協会は公正雇用慣行法を支持する立場から、この人の刑務所行きに賛成することになる。

　皮膚の色のような価値基準はよろしくないと思うなら、そのときにとるべき道は、前節で述べたように皆を説得することである。自分の意見に従うよう国家の強制力の助けを借りることではない。米国自由人権協会のような団体こそ率先してこのことを認め、公に宣言すべきである。

労働権法

アメリカでは、一部の州でいわゆる労働権法が制定されている。組合加入を雇用条件にすることを禁じる法律で、言ってみれば団結否認法である。

労働権法の基本理念は公正雇用慣行法と同じであり、どちらも雇用契約の自由に干渉する。公正雇用慣行法では特定の人種や宗教を雇用条件にすることを禁じ、労働権法では労働組合への加入を条件にすることを禁じる。このように根は同じであるにもかかわらず、両者に対する見方はほぼ完全に対立している。公正雇用慣行法に賛成の人は労働権法に反対し、労働権法に賛成の人は公正雇用慣行法に反対なのだ。しかし自由主義者の私は、どちらにも反対する。組合不加入を雇用条件とする、いわゆるイエロードッグ契約にも反対である。

労働市場が競争的であれば、雇う側が雇われる側にどんな条件を提示してもかまわないはずだ。たとえば労働者が、賃金の一部を福利厚生の形で受け取りたいと思うかもしれない。現金でもらうより野球場だの運動場だの保養所などの方がよいというわけだ。となれば雇い主としては、高い賃金よりそうした施設を用意する方が、雇用契約が魅力的なものになる。施設ではなく年金を用意し、年金プランへの加入を提案することも考えられるだろう。こうした提案はどれも、個人が仕事を選ぶ自由をすこしも妨げない。雇い主が、労働者のニーズに適う魅力的な条件を勝手に用意しているのだ。雇い主が大勢いる状況なら、たとえば野球場を希望する求職者は、それを用意してくれる雇い主を見つければよい。同じことが、組合加入を雇用条件とするクローズドショップ制にも当てはまる。クローズドショップ制をとる会社がいいと思う労働者もいれば、オープンショップ制をとる会社がいいと思う労働者もいるだろう。ならば、雇用契約は組合加入を条件にしてもいいし、しなくてもいいわけで、いろいろな形の雇用契約があっていい。

もっとも公正雇用慣行法と労働権法は、基本理念は同じでも、現実にはいくつか違う問題を抱えている。その一つは組合という形で労働の独占が存在し、組合は連邦法で保護されていることである。労働市場が競争的であれば、クローズドショップ制の採用はおそらく雇い主にとって有利ではあるまい。独占的な力を持たない組合はいくらでもあるが、クローズドショップ制は独占の象徴のようなもので、ほぼ確実に労働の独占につながる。だが、だからと言って、労働権法を定めてよいということにはならない。独占につながりやすいなら、独占の要因の方を排除すべきであり、労働市場において独占禁止をもっと広く訴えるべきである。

もう一つの問題は、労働関係の法律では連邦法と州法が一致しないという特殊事情があることだ。現時点では連邦法が厳然と存在しすべての州に適用されており、各州には労働権法を定めるぐらいしか抜け道が残されていない。これを解決するためには、連邦法を改正するのが筋である。だが困ったことに、連邦法の労働組合に関する条項に不満があっても、州のレベルでは改正できない。労働権法を使えば対処できるので罪は軽いという意見もあるが、私はこうした便法を認めない。それに労働権法には、労働組合による独占を食い止める効果がさしてあるとも思えない。ともあれ大きな原則の前では、こうしたその場しのぎの意見の正当性は薄いと考えている。

学校教育における人種分離

学校教育における人種分離は、これまでの議論では触れなかった問題を一つはらんでいる。学校教育は現に政府が管理運営しており、何事であれ決定を下すのは政府だということだ。つまり政府は人種分離か人種融合を選んで施行しなければならない。だが私は、どちらもよい解決ではないと思う。皮膚の色が何かの判断基準になるのはおかしいと考え、誰もがそう思うようになることを願う一方で、個人の好みや自由は認めなければならないと考える私のような人間は、ここで一つのジレンマに直面する。とは言え、強制的な人種分離か強制的な人種融合という二つの悪のうちのどちらかを選ぶとなれば、それはもう融合以外の選択はあり得ない。

前章では人種の問題をまったく考えずに学校教育について論じたのだが、はからずも二つの悪をどちらも避けられる解決が提示されている。このことから、広く自由を考えて設計された制度であれば個々の自由の問題も解決できることがわかる。妥当な解決は、人種融合を学校に導入することではなくて、政府による学校運営をやめ、子供を通わせる学校を両親が自由に選べるようにすることなのである。もちろんそれだけでなく、人種融合を掲げる学校が当たり前になってそうでない学校は村八分になるように、行動と言葉でもって訴えていかなければならない。

前章で提案したような学校制度が実現するならば、白人ばかりの学校、黒人ばかりの学校、共存する学校という具合にいろいろな学校ができるだろう。そうなれば学校は、願わくは人種による入学制限をなくす方向へと、社会の変化に応じてゆるやかに移行することになるだろう。政治の場で移行を決めれば大論争となり、社会に緊張と分裂をもたらす例が多いが、そうした事態は避けられるはずだ。市場はいつもそうだが、学校教育においても、一方が望むものを他方が与えるという具合に自発的な協力を引き出す。*

バージニア州は、前章で提案した教育バウチャー制と似通った制度を採用している。強制的な人種融合を避けるという狙いからこの制度が採用されたのだが、ずいぶん違った結果が出るのではないかと私は予想している。そして意図と違った結果が出ることこそ、自由社会が望ましい最大の理由なのである。どうなるか予測しようがないのだから、結局は人は自分の利益にしたがうのがよいということになる。バージニア州の例では、そもそもの発端から予想外だったらしい。聞くところによると、教育バウチャーを最初に要求したのは、人種に制限のある学校から制限のない学校へ子供を転校させたい親だったという。それも、単に制限のない学校の方が学業面で優秀だからという理由だったそうだ。もし同州のバウチャー制がこのまま継続されるなら、将来的には、前章の結論を立証する壮大な実験になるかもしれない。私の結論

＊誤解を避けるため、前章の提案では、教育バウチャーを利用できる学校の最低基準として人種分離か融合かは含まれないことが前提となっていることを、書き添えておく。

が正しければ、バージニア州では学校が多様化し、優良校の水準は大幅に上がり、それに刺激される形で残りの学校の質も向上して、学校の選択肢はぐんと増えるはずだ。

根強い価値観や信念は、法律の規定一つで一掃されるものではない。そんなことを信じるとしたら世間知らずのそしりを免れられまい。たとえばいま私はシカゴに住んでいる。シカゴの法律は人種融合を掲げ、人種分離を定めた条項はどこにも存在しないにもかかわらず、シカゴの公立学校では、おそらくは南部の大半の学校と同じぐらい徹底した人種分離が行われている。シカゴにバージニア州の制度が導入されれば、人種分離は目にみえて減り、向上心あふれる優秀な黒人の子供が選べる学校が大幅に増えることはまずまちがいない。

第 8 章

独占と社会的責任

opoly and the
nsibility of
Labor

CHAPTER 8 Monc

Social Respor

Business and

競争という言葉が表すものは二つあり、両者はだいぶ様子が違う。日常生活では、競争と言えばライバル同士が競り合い、互いに相手に負けまいとする様子が思い浮かぶ。だが経済の世界で言われる競争は、ほとんど正反対の様相を呈する。競争市場では、個人的に張り合うということはない。小麦の生産農家とお隣の農家は自由市場では競争関係にあるのだが、お隣が競争をしかけてくるとか、こちらが出し抜くといったイメージはない。市場はこのように、人の顔が見えないという基本的な特徴を持つ。市場で商品なり仕事なりを手に入れるときの条件は、個々の参加者が決めるわけではない。市場参加者は、どんな値段も市場が決めたものとして受け取る。値段は、参加者それぞれの行動が積み重なった結果として決まるけれども、一人ひとりにはこれといった影響力はない。

しかし、特定の個人や企業があるモノやサービスの価格条件その他をほぼ決定できるような力を持っているときには、独占が発生する。この場合、個人的な勢力争いがいくらか関係してくるので、ある意味で一般的な意味での競争に近くなる。

自由社会で独占が発生すると、二種類の問題が起きる。第一に、個人の選択の幅が狭まり、自発的な交換が制限される。第二に、独占者のいわゆる「社会的責任」が問われるようになる。競争市場の参加者は、一般には交換条件を変えられるような影響力を持たず、単独の経済主体としては取るに足らない存在である。したがってこのような主体に社会的責任を求めるのは無理があり、法律と良識に従うというすべての市民と同じ責任以外は要求できまい。これに対して独占者なり独占企業なりは突出した存在で、強大な影響力を持つ。そうなると、このような主体は自己の利益を追求するためだけに力を行使するのではなく、社会的に望ましい成果を上げるためにも力を使うべきだ、とつい言いたくなる。しかしこうした考え方が優勢になったら、自由社会は破壊される。

競争というものは、ユークリッド幾何学で言う「線」や「点」と同じく観念上の産物である。私たちは便宜的に線に太さを持たせ、糸のようなものとして扱っているが、ユークリッド幾何学の線には幅も奥行きもないから実際には目には見えない。それと同じように、市場がすべてを決める「純粋」な競争は実際には存在しない。生産者は誰でもそれぞれの生産物の値段に、ごくわずかながらも影響をおよぼすからだ。それではその影響は、線の太さのように無視できるものなのだろうか。それとも無視できないほど大きいのだろうか。この点は現状を理解し政策を考えるうえで大切なところだが、言うまでもなく扱う問題によって答は違ってくる。ただ私自身は、アメリカの経済活動を調査した結果、経済に競争が存在する前提で扱える問題がきわめて多いと考えるようになった。

独占を巡る問題には私が扱えないような高度な専門知識を要するものも多いので、本章ではこまかい点には言及せず、一般的な問題を論じるにとどめたい。さしあたり独占の実態、独占の原因、政府の施策、企業と労働組合の社会的責任を扱う。

独占の実態

独占には大きく分けて、産業の独占、労働の独占、政府が関与する独占の三種類があり、それぞれ別に検討する必要がある。

一　産業の独占

産業の独占は、じつは経済全体から見ればさほど重要ではない。アメリカには系列を除いても四〇〇万の企業が存在し、毎年四〇万が新たに登場し、ほぼ同じぐらいが毎年退場する。また労働人口の五分の一は個人事業主である。どんな産業を思い浮かべてみても、そこでは巨人と小人が肩を並べて事業を営んでいるのだ。

これが米国産業の全体像であるが、それではどの程度独占が進み、どこまでは競争が展開されているのかということになると、客観的な数字で示すのはむずかしい。理由は、先に述べたように、経済理論で言う独占や競争はあくまで観念的な言葉だからである。問題を論じるために使う用語ではあっても、現実を説明する言葉ではない。このため、ある産業を独占的とみなすべきか、それとも競争的とみなすべきかがはっきりしないのである。実際にも用語の意味が不明確なせいで、あちこちで誤解が生じている。競争状態を判断するとき、歴史的背景によって同じ言葉が違う意味で使われているためだ。とりわけ顕著なのがヨーロッパとアメリカの相違である。アメリカの研究者が独占的とみなすような状況を、ヨーロッパの研究者は競争的とみなす。その結果、定義の違いに気づかないままヨーロッパの研究者がアメリカの文献や論文を読むと、アメリカはずいぶん独占が多い国だと感じることになる。

独占については多数の研究があるが、中でもG・ウォーレン・ナッターとジョージ・J・スティグラーの研究は、産業の状態を三つに分類したところに特徴がある。民間による独占、実質的な競争状態、政府による独占・監督について、変化の過程を追跡調査した。* そして一九三九年の時点では、全産業の四分の一が政府により運営監督されていると結論づけている。残り四分の三のうちの四分の一足らず、おそらくは全体の一五％程度が民間による独占、四分の三強、おそらくは全体の八五％程度が競争状態である。しかしここ五〇年ほどの間に、政府による独占・監督が急激に増えてきた。一方、民間による独占が増えた兆しはなく、むしろ減ったと言ってよい。

しかし世間は、この推定よりも独占はもっと多く、しかも増え続けていると感じているらしい。このような誤解が広まったのは、第一に、企業の絶対的な規模と市場に占める相対的な

＊G. Warren Nutter, *The Extent of Enterprise Monopoly in the United States, 1899-1939* (Chicago: University of Chicago Press, 1951) and George J. Stigler, *Five Lectures on Economic Problems* (London; Longmans, Green and Co., 1949), pp. 46-65.

規模とを混同しがちだからである。たしかに経済の拡大とともに、企業の絶対的な規模は拡大してきた。そうなると市場に占める比率も高まったと考えやすいのだが、実際には市場自体がそれを上回るペースで拡大しているケースが少なくない。第二の理由は、独占の方が競争よりさかんに報道され、何かと人目を引きやすいことだ。たとえば、アメリカの主要産業を挙げよと言われたら、たいていの人が自動車産業をその一つに数えるにちがいない。卸売業を挙げる人はほとんどいないだろう。実際には卸売業の市場規模は自動車製造の二倍に達するのだが、注目されないのは、きわめて競争的な産業であるためだ。卸売業界には絶対規模の大きい企業が何社かあるにもかかわらず、社名を知っている人はめったにいない。が、大きな自動車メーカーなら誰でも知っている。それは、自動車産業はある意味で競争は激しいものの、企業の数が少なく、卸売業に比べれば明らかに独占状態に近いことと関係がある。もう一つの例として、家事労働の経済規模はじつは電信電話産業よりはるかに大きいことを挙げておこう。そして第三の理由は、大企業と小企業の対比がとかく過大視されやすいことだ。先の例のように独占に近い大企業ばかり有名になるのは、その一つの表れと言える。第四は、アメリカ社会を特徴づけるのは工業の発達だと考えられていることである。このため経済の中でも製造部門が注目されやすいが、実際には製造部門は、生産高でみても雇用数でみても四分の一程度を占めるに過ぎない。ところがこの産業では、他のどの産業よりも独占が多いのである。

独占が実際以上に大きいと考える結果、いま挙げたのと同じような理由から技術の見方にもバイアスがかかり、競争を促すような技術の進歩より独占を促すようなものに注意が向きやすくなっている。たとえば、寡占化につながりがちな大量生産の普及がしきりに話題に上る。しかし、輸送通信技術の発達により地場産業の優位性がうすれ、広い地域で競争が展開され促進されるようになったことは、さほど注目されていない。自動車産業で大手への集中が進んでいることはたびたび取り上げられるが、トラック輸送産業の急成長で鉄道依存度が下がったことは見過ごされがちだ。鉄鋼産業で一極集中が緩和されたことも、めったに話題にならない。

二　労働の独占

労働に関しても、独占は実際より大きいと受け取られているようだ。労働組合は労働人口のおよそ四分の一を組織しており、そのせいで、労働組合が賃金体系におよぼす影響が過大視されている。だが多くの組合は全然力がないし、力のある組合でさえ、賃金に強い影響をおよぼせるわけではない。独占が実際以上に大きくみえる理由は、企業の場合より労働の場合の方がはっきりしている。労働組合があれば、たとえ組合の力とは無関係に賃上げが実現しても、すべて組合の努力の賜物とみなされやすいからだ。たとえばお手伝いさんの賃金が近年とみに上昇しているが、もしお手伝いさん組合があったとしたら、そのおかげということになっていただろう。

しかし、けっして組合がとるに足らない存在だというのではない。賃金を本来市場で決まるはずの水準から大きく乖離させることにかけては、大いに力を発揮している――ちょうど独占企業が価格水準の乖離に威力を発揮するように。だから労働組合の影響力をむやみに重くみるのはまちがいだが、軽んじてもいけない。私が以前に行ったおおまかな分析では、労働組合の力で労働人口の一〇〜一五%の賃金が一〇〜一五%引き上げられると、残り八五〜九〇%の賃金水準は四%押し下げられるという推定に達した。* のちに他の研究者がもっとくわしい分析を行っているが、見たところ、ほぼ同じような数字が出ているようだ。

ある職種なり産業なりで労働組合が賃上げに成功すると、そこでの雇用は必ず減ることになる。これは、値上げをすれば売れ行きが減るのと同じ理屈だ。その結果、職探しをする人が増え、他の職種や産業では賃金水準が押し下げられる。しかも組合は、もともと賃金の高い層で力が強いのがふつうなので、結局は低賃金労働者を犠牲にして高賃金労働者の賃金が上がる結果を招く。要するに労働組合は雇用を歪めてあらゆる労働者を巻き添えにし、ひいては大勢の人々の利益を損なっただけでなく、弱い立場の労働者の雇用機会を減らし、労働階級の所得を一段と不平等にしてきたのである。

労働と産業では、独占の傾向に大きな違いが見受けられる。過去半世紀の間、産業の独占は進んでいないが、労働の独占の方は明らかに増えてきた。労働組合は第一次世界大戦中に力をつけ、二〇~三〇年代前半に一度弱体化したものの、ニューディール政策の時代に大躍進を遂げている。そして、第二次世界大戦中から戦後にかけてさらに勢力を拡大した。もっとも最近では勢力維持がやっとで、いくらか弱まってもいるようだ。これは、何か特定の職種や産業で組合が弱体化したからではなく、組合の力が比較的強い職種や産業自体が相対的に衰えてきたためである。

なお、産業の独占と労働の独占に私が設けた区別は、ある一点では不適切だったかもしれない。というのも、産業の独占に労働組合が何かと力を貸してきたという事実があるからだ。その顕著な例が石炭産業にみられる。アメリカには、石炭会社による価格カルテルを認めたガーフィー石炭法というものがあったが、三〇年代半ばにこの法律に違憲判断が下される。窮地に

＊"Some Comments on the Significance of Labor Unions for Economic Policy", in David McCord Wright (ed.), *The Impact of the Union* (New York: Harcourt, Brace, 1951), pp. 204-34.

陥った石炭産業を救ったのが、ジョン・L・ルイス率いる全米炭鉱労働者連合だった。石炭産出量が増えて価格が下がりそうになるたびにルイスはストライキかサボタージュを呼びかけて産出量を減らし、結果的に価格をコントロールした。言わば暗黙の了解で会社に協力したのである。このからくりで得た利益は、会社と鉱山労働者で折半にしたという。もっとも鉱山労働者には賃上げの形で利益が分配されたので、当然の帰結として雇用される数は減った。したがって、クビにならなかった労働者だけが利益を手にしたのであって、それも実際には大部分を有給休暇の増加という形で受け取ったのだった。組合にこんなことができるのは、シャーマン反トラスト法の適用を除外されているからである。他の組合も、多くはこうした適用除外の恩恵に与ってきた。してみると組合は、労働者の組織というよりは、「価格コントロール・サービス」を売る組織とでも言うべきだろう。トラック運転手組合などはその最たるものである。

三　政府が関与する独占

アメリカでは、商品の生産を政府が直接独占する例はそれほど多くはない。政府が実際に独占している主なものは、郵便、発電の一部（TVAなどの公営発電所による）、高速道路事業（ガソリン税または通行料金の徴収による）、地方自治体による上下水道などである。このほか連邦政府は巨額の国防・宇宙開発・研究予算を持っており、ある企業の全製品、それどころかある産業の生産物すべてを政府が買い占めるケースもある。これはこれで自由社会の維持にとって重大な問題ではあるが、さしあたり独占を論じる対象としてはふさわしくない。

政府による直接独占よりもはるかに急速に発達し、いまや重大な問題と化しているのは、民間企業が政府を利用してカルテルや独占を取り決め、実行していることである。初期の例としては、運輸業を規制する州際交通委員会（ICC）がある。この委員会は、当初は鉄道を監督していたのだが、次第にトラック輸送その他に守備範囲を拡大した。最も悪名高いのは、まちがいなく農業プログラムである。これは事実上、政府が行うカルテルにほかならない。ほかには、ラジオ、テレビ放送を含む電気通信を一手に握る連邦通信委員会（FCC）、石油・ガスの州間取引を規制する連邦動力委員会（FPC）、航空会社を監督する民間航空委員会（CAB）などがある。それから、連邦準備理事会（FRB）も忘れるわけにはいかない。銀行の定期預金金利の最高限度や当座預金の利息の禁止などを決めているのはFRBである。

以上は連邦、すなわち国レベルでの例だが、州や市町村レベルでもこうした事例は枚挙にいとまがない。たとえば私の知る限りでは、テキサス鉄道委員会は、鉄道とはなんの関係もない石油産出量の制限を実施している。資源保護と称して油井の稼働日数を規制しているのだが、実際の目的は価格のコントロールである。最近になって連邦政府が原油の輸入割当を実施したものだから、同委員会の影響力は一段と大きくなった。しかし油井を長期間遊ばせておいて価格を維持するのは、蒸気機関車に石炭を投入しない怠け者の火夫に賃金を払うようなものではないか。にもかかわらず、労働者がそうした不当な要求をすれば市場原理に反するとして声高に反発する企業、いや石油産業そのものが、この件に関してはそろってだんまりを決め込んでいる。

次章で論じる職業免許制度も、州レベルで政府が独占の機会を設け後押ししている例と言える。市レベルでは、タクシー営業台数の制限などがこれに該当する。たとえばニューヨーク市では、個人タクシーの営業権が二万〜二万五〇〇〇ドルで取引されている。フィラデルフィア市では一万五〇〇〇ドルである。また、建築に関する市条令なども同じような例だ。表向きは住民の安全のためということになっているが、実際には建設労働者の組合や建設業者協会などの意向が色濃く反映されている。市レベルでも州レベルでもこの手の規制はいくらでもあり、じつにさまざまな経済活動に適用されているのが実態だ。これらはすべて、個人の自発的な取引を裁量的に制限している。そして自由を制限すると同時に、資源の無駄遣いを助長している。

特許や著作権も、政府が認める独占の一種である。ただしこれらの権利は財産権とみなせる点で、これまで取り上げたものとは根本的に性格が異なる。財産権を忠実に解釈すれば、たとえば土地一区画を所有している場合、その区画に関する限り、政府公認の独占権を持つと言える。では発明や著作の場合、そのような財産権を設定するのは果たして適切だろうか。これは財産権の定義に関わってくるので、政府を活用すべき問題になる。

発明にせよ著作物にせよ、一見した限りでは、財産権を設定するのは当然のようにみえる。もし特許権がなかったら、発明者は自分の発明が生み出した利益の分け前をもらえないだろう。それでは他人に利益を与えるだけで、自分は報われないことになる。となれば、時間や労力を費やしてまで発明をしようという気にはなるまい。同じことが、著作物にも当てはまる。

だがじつは、特許権や著作権は社会コストも伴う。その一つは、世の中には特許をとれない発明がたくさんあることだ。たとえばスーパーマーケットの発明者は大勢の人に利益をもたらしたが、それに対して使用料を取ることはできなかった。こうなると、ある発明と別の発明とに同じ能力が求められる場合、どうしても特許をとれる発明の方に取り組みたくなるだろう。これは特許が存在することの弊害と言える。もう一つ、くだらぬ特許や合法性が大いに疑わしい特許が誕生する可能性がある点も挙げられる。そうした特許が裏取引の材料に使われる例が後を絶たないが、特許がなければそんなことはまず不可能だっただろう。

特許権や著作権は重要な問題で、なかなかにむずかしい。以上はこの問題の上面をさっと撫でたに過ぎず、ここで答を出そうとは思っていない。とりあえず特許権や著作権が他の政府独占とはどのように違うか、また社会にどのような影響を与えるかだけを示した。なお、特許権や著作権に付される条件、たとえば特許の有効期間を一七年とするかどうかが根本的な問題などでないことだけははっきりしている。こうしたことは、実情に合わせて決めればよろしい。私自身は有効期間はもっと短い方がいいと考えているが、確たる根拠があっての意見ではない。この問題についてはこれまでに多くの研究がされてきたし、今後なお検討の余地がある。したがって、私の意見は聞き捨てていただいて一向にかまわない。

独占の原因

独占の原因は主に三つある。第一は技術的な要因、第二は政府の直接間接の支援、第三は談合である。ここでは、一つひとつについてみていこう。

一 技術的要因

第2章で述べたように、「技術的」な理由から一社が運営する方が効率がよく経済的だという場合がある。その典型的な例が、電話や水道の類だ。このような技術的独占を防ぐうまい手は、残念ながらあまりない。民間企業の独占を野放しにするか、規制するか、あるいは政府が独占するか、三つに一つを選ばざるを得ない。

三つの悪のうち、いちばんまともなのはこれだと言い切ることはできない。が、第2章で論じたように、政府の規制や政府の独占には、いったん始めてしまうと元に戻せないという重大な欠点がある。したがって私としては、三つの中でいちばんましなのは、許容できる範囲内でという条件付きながら、民間企業の独占を放置することだと思う。民間による独占の場合には、状況の変化によって独占が弱まる可能性がきわめて高い。少なくとも、状況変化が何らかの影響をおよぼす可能性がある。また、代替品や代替手段が存在することが予想以上に多いので、短期的にみても、企業が原価に上乗せして暴利をむさぼれるケースはかなり限られている。それに、規制をするとなれば、すでにみたように当の規制機関が生産者の顔色をうかがうケースが多く、そうなると、規制がないときよりあるときの方が価格が高いということになりかねない。

幸いなことに、技術的な要因から独占が出現するような分野はごく限られている。技術的要因を口実に規制が導入され、それが不当に拡大されるようなことがない限り、この種の独占は市場経済の維持にとって重大な脅威とはなるまい。

二　政府の支援

独占の原因としてこれまで最も強力だったのは、おそらく政府の支援であろう。直接であれ間接であれ、政府が肩入れする影響は大きい。政府が直接的に独占を後押しする例はすでに挙げたので、ここでは間接的な方の例を挙げる。こちらは、もともとは他の目的で講じられた措置だったのが、意図せぬ結果として潜在的競争者が排除され既存企業が守られるケースが多い。その顕著な例が、関税、税構造、労働争議法である。

第一の関税は、国内産業を「保護」する目的で、潜在的な競争者に不利な条件を押しつける。関税は例外なく、個人が自発的な交換を行う自由を妨げる。自由主義者が問題にする単位はあくまで個人であって、どの国の国民かということは問題ではない。アメリカ人とスイス人がお互い得になる交換を禁じられるとしたら、アメリカ人同士が禁じられるのと同様に、自由の侵害である。もっとも、関税は必ずしも独占に直結するわけではない。市場が大きく、技術的条件からも複数の会社が共存し得る状況ならば、たとえ保護された産業であっても国内で競争が起きるだろう。アメリカの繊維産業は、まさにその好例である。とは言え関税が独占を促すことはまちがいない。企業の数は少ない方が裏取引をしやすく、違う国の企業を相手にするよりは国内企業同士の方が談合しやすいからだ。たとえば一九世紀から二〇世紀初めにかけてのイギリスは、国内市場の規模が小さく、かなりの企業が大規模化したにもかかわらず、自由貿易を貫いたおかげで独占を免れた。同国で独占が深刻な問題と化したのは、第一次世界大戦後と一九三〇年代前半で、いずれも自由貿易が放棄されてからのことである。とくに一九三〇年代前半には、さまざまな産業で独占がみられた。

第二の税構造は、関税よりさらに間接的ながら、影響力の点では関税に劣らない。ここで問題なのは、法人税と個人所得税の関係、とりわけ個人所得税におけるキャピタルゲイン課税の特別扱いである。いまここで、ある企業の税引後利益が一〇〇万ドルだったとしよう。もしこの企業が一〇〇万ドルをそっくり株主に配当として払い出した場合、株主は課税対象所得にこの配当を含めなければならない。この追加収入に対する所得税率が平均五〇%だとすると、消費や貯金や投資に回せるのは五〇万ドルだけになってしまう。しかし、この企業が配当を払わずに一〇〇万ドル全額を設備投資に回したら、自社株の価値を高めることができるだろう。そうなれば株主は、配当をもらって貯金する代わりに株を持ち続け、最終的にその株を売ってしまうまで税金を払わずに済む。それに株をすぐに売るにせよ、長いこと持っていてから売るにせよ、払うのはキャピタルゲイン課税である。こちらは所得税率よりずっと低い。

こうした税構造になっているため、企業が利益を内部留保する傾向に拍車がかかる。株主が配当を投資して得るリターンよりリターンがだいぶ低いとしても、節税を考えれば設備投資に充てる方がいいからだ。これでは相対的に生産性の低いものに投資することになり、資本の浪費である。第二次世界大戦後に企業が余剰利益を投資しようとして水平多角化が進んだのは、主にこのためだ。またこうした事情から、既存企業の方が新規参入企業より有利になる。たとえ既存企業の生産性の方が低くても、株主は配当をもらって新規企業の株を買うよりは保有株を持ち続けたいと考えるからだ。

第三の労働争議に移ろう。労働組合による独占は、主に政府の後押しにより促進されてきた。先に挙げた職業免許や建築条例などがその例である。また、労働組合には反トラスト法の適用除外、責任の制限、特別法廷の請求権などの特例が認められていることも、独占が進む原因となってきた。これらの要因よりもさらに大きいとみられるのが、労働争議の取り扱いである。世間一般も警察や司法当局も、労働争議の最中になされた行為は、他の状況で行われた場合より大目にみる傾向がある。誰かがまったくの悪意から、あるいは個人的報復の意図でもって他人の車を転覆させたり器物を破損したりしたら、この人物を刑罰から守ってやろうと考える人はまずいないだろう。だが同じことをストライキの最中にやれば、無罪放免となる可能性が高い。当局が黙認しなかったら、組合が暴力行為に走ったり、多勢を頼んで強硬姿勢に出たりできるはずはないのである。

三　談合

独占の第三の原因は、民間企業による談合である。アダム・スミスが言うとおり、「同業者が集まれば、たとえ楽しみや気晴らしのための集まりであっても、結局は毎回のように世間を欺く策略の話、つまり値段を吊り上げるうまい手はないかといった話になるものだ」*。だから、この手の談合や価格カルテルがのべつ発生することになる。だが政府の手を借りられない限

* *The Wealth of Nations* (1776), Bk. I, chap. x, Pt. II (Cannan ed. London, 1930), p.130.

り、そうした企みはこわれやすく、長続きしないものだ。カルテルが成立して値段を吊り上げれば、その市場に外から参入する企業は有利になる。しかも、カルテルの参加企業が野放図に増産したら価格を高水準に維持することはできないので、どうしても生産制限をしなければならない。すると参加企業にしてみれば、他社には協定を守ってもらいたいが自社は協定破りをして生産を拡大したいということになる。かくて一社か二社の裏切り者が出ればカルテルは破綻する。この裏切り者は実際には大衆の味方であり、政府がカルテルの後ろ盾にならない限り、カルテル破りの成功は確実だ。

こうした談合を禁じる目的で定められたのが、反トラスト法である。同法は、訴訟での直接効果よりも、間接的な効果によって独占防止に貢献している。カルテル目的の話し合いが禁じられ、発覚すれば高いものにつくようになった。また、取引に制限を加えるような談合は法の保護を受けられないという衡平法の理念を確認したことの意義も大きい。一方ヨーロッパの多くの国では、複数の企業による排他的な販売協定は合法とされており、協定に参加した企業は加盟店以外では販売できず、協定破りをすれば罰金をとられる。アメリカでは、そのような協定は違法と判断される可能性が高い。ヨーロッパの方がカルテルが多く、しかも長続きしているる大きな理由の一つは、ここにあると思われる。

政府に望まれる施策

政府の施策としてただちに望まれるのは、独占を直接後押しするような措置を打ち切ることだ。産業の独占、労働の独占を問わず、すぐさまやめるべきである。そして、企業にも労働組合にも等しく法を適用しなければいけない。どちらも反トラスト法の対象とすべきだし、どちらも財産を破壊したり自発的協力を阻害したら平等に法の裁きを受けるべきである。

だがこれだけでは足りない。独占を根本から防ぐもっと効果的な手段は、税制改正である。まず、法人税は廃止すべきだ。また法人税を廃止してもしなくても、企業は配当として払い出さなかった利益も株主の所有に帰すべきである。具体的には配当金の小切手を送付するときに、次のような報告書を添付する。「株主の皆様には、一株当たり○○セントのこの配当金に加え、一株あたりXXセントの利益がございます。こちらは弊社が再投資いたしました」。報告を受けた株主は、配当金だけでなく、自分のものではあるが配分されなかったこの利益も、所得税の申告に含めなければならない。この仕組みでも企業が再投資するのは自由だが、再投資に回す利益を明言する以上、株主が配当を自分で別途投資するより企業の投資効果の方が高いときしか、再投資できなくなるだろう。これは、資本市場や企業活動を刺激し競争を活性化するきわめて効果的な手段だと信じる。

また、累進制も問題である。個人所得税の累進性が現在のように強いと、何とかして税金逃れをしたくなるものだ。したがって強い累進構造は、直接的にはもちろん、税回避行動を招くという間接的な形でも、資源の効率的な活用を阻むことになる。これを解決するには、累進制を大幅に緩和するとともに、税法そのものを見直し、税回避を促す要因を取り除く必要がある。

企業と労働組合の社会的責任

最近になって、企業経営者や労働組合の幹部は株主や組合員の利益を考えるだけでなく、「社会的責任」を果たすべきだとの見方が広まっている。だがこれは、市場経済というものを根本的に見誤った主張だと言わざるを得ない。市場経済において企業が負うべき社会的責任は、公正かつ自由でオープンな競争を行うというルールを守り、資源を有効活用して利潤追求のための事業活動に専念することだ。これが、企業に課されたただ一つの社会的責任である。同じように組合幹部の社会的責任は、組合員の利益を追求することである。そして私たちの責任は、アダム・スミスの言葉を借りるなら、自分の利益を追求する個人が「見えざる手に導かれて、自分では考えてもいなかった目的へと向かう」ような法的枠組みを整えることである。この一文に続いてアダム・スミスは、「各人がこの目的を全然考えていないのは、社会にとって必ずしも悪いことではない。自分の利益を追求する方が、社会のためを考えた場合よりも、結果的に社会の利益を高めることが多いからだ。社会のためによかれと考えて事業をする人が実際に社会に多大な貢献をした話は聞いたことがない」と書いている。*

企業経営者の使命は株主利益の最大化であり、それ以外の社会的責任を引き受ける傾向が強まることほど、自由社会にとって危険なことはない。これは、自由社会の土台を根底から揺るがす現象であり、社会的責任は自由を破壊するものである。株主の利益を最大化すること以外の社会的責任が仮に経営者にあるとして、それは何なのか。一企業の一介の経営者に、何が社会の利益になるのかを決められるのだろうか。また社会の利益に貢献するためなら、会社や

＊前掲書、Bk. IV, chap. ii, p.421.

株主はどの程度の負担を引き受けるべきだと言えるのだろうか。経営者というのは仲間内で選ばれ、たまたま企業を運営しているに過ぎない。そういう人に、税率の決定や予算配分など公的な仕事をさせるようなものではないか。企業経営者は株主の僕《しもべ》ではなく社会の僕だというなら、民主主義社会においては、選挙を経て任命される公的手続きの対象となるべきだろう。

そこまでいかなくても、経営者の意思決定権は取り上げられることになる。その最たる例が、一九六二年四月に起きた。鉄鋼大手のUSスチールが、値上げの撤回に追い込まれたのである。ケネディ大統領が公の場で不快感を表明したうえ、反トラスト法違反で訴えるとか、経営幹部の納税申告を調べ直すなどの報復措置をほのめかされたためだ。政権にどれほど権力が集中しているかがあからさまになったという点で、じつに衝撃的なエピソードと言えるだろう。警察国家を成り立たせるような権力を、すでに政権が持っていることがわかったのである。このことは、社会的責任にも関係してくる。社会的責任論からすれば、鉄鋼価格は社会の利益のために公的手続きを踏んで決めるべきということになるが、それはただちに、個々の企業が決めてはならないことを意味する。

社会的責任論で最近とくに目立つのは、企業や労働組合には、物価上昇を防ぐために製品価格や賃金を低く抑える責任があるという論調である。それではここで、物価に上昇圧力がかかっているとしよう（これは言うまでもなく通貨供給量が増えたからである）。このとき、経営者も組合幹部も製品価格を抑える責任をわきまえており、かつ、それに成功したとする。つまり価格と賃金の自主規制が行われ、インフレは発生しなかったとする。このとき、経済はどんな状態になっているだろうか。品物と労働力は不足し、半合法・非合法の闇市が幅を利かせていることはまちがいない。コストや賃金を価格に転嫁できない場合、何らかの別の手段に頼らざるを得ない。それは民間部門で可能だろうか。あまり重要でない狭い範囲で、それも一時的なら可能だろう。だが、必需品などの深刻な品不足が広い範囲で起きたら、政府による配給制だの賃金政策だの労働力配分計画だのを求める声が否応なく高まるはずだ。

法律によるにせよ自主的に行うにせよ、価格統制がほんとうに実現したら、市場経済は確実に破滅する。そして、中央集権的な統制経済が出現するだろう。だがそうした体制では、そもそもの眼目であるインフレ抑制すらできまい。歴史が教えてくれるとおり、物価や賃金の平均水準を決めるのは経営者や労働者の強欲ではなく、一国の経済における通貨供給量である。政府が経営者や労働者にそれを求めるのは、自分たちの仕事（当然ながら通貨供給量のコントロールも含まれる）をこなす能力がないからだ。あるいはただ人間の常として、責任を転嫁したいだけかもしれないが。

なお社会的責任論に関しては、個人的な立場からもぜひ言っておきたいことがある。世間には、企業は慈善事業を支援すべきであり、大学に寄付すべきだという意見があるようだ。しかし企業がそのような寄付をするのは、市場経済においてはまことに不適切な資本の使いみちであることを、ここではっきり言っておきたい。

企業は株主の道具であり、企業の最終所有者は株主である。もしも企業が何か寄付をしたら、その行為は、株主が自分の資金の使いみちを決める自由を奪うことになる。ただ会社の寄付は法人税の控除対象になるので、株主は自分で寄付するより会社にしてもらう方が、寄付額が増えてよいと考えるかもしれない。しかしいちばんよいのは法人税をなくすことである。法人税には手を付けずに、慈善事業や教育機関への寄付について税控除を認めるのは、本末転倒であろう。寄付をするのは、自由社会で財産を最終的に所有している個人であるべきだ。

企業名義での寄付に対して税控除の拡大を主張する人は、根本的に自己の利益に反する行為をしているのである。現代の企業では所有と経営が切り離されているとの不満の声がよく聞かれる。企業は所有者におかまいなく好き勝手をする組織になってしまい、幹部連中は無責任で株主の利益を考えない、というのだ。この非難は、いまのところは当たっていない。だが、企業の慈善目的の寄付を認め税控除の上限を引き上げるような政策が実現すれば、まちがいなく企業の所有と経営は切り離される。これは自由社会の本質を脅かす第一歩であり、個人の自由が奪われ全体主義へと向かう第一歩と言わねばならない。

第 9 章

職業免許制度

pational

CHAPTER 9 Occu
Licensure

中世ギルド制の崩壊は、ヨーロッパで自由が誕生するために欠かせない第一歩だった。そして一九世紀半ばには、英米両国では全面的に、大陸ヨーロッパでもかなりの程度、誰でも好きな職業に就けるようになり、お上に許可を願い出る必要はなくなっている。これは自由主義の勝利であり、多くの人々もそう評価していた。ところが最近になって、退行現象が起きている。ある種の職業は、国家免許を受けた人だけに制限される傾向が強まってきた。

個人が自分の資源を好きなように使う自由がこのように制限されるのは、それ自体由々しきことだが、そのほかにもさまざまな問題が出てくる。それらについて、第1章、第2章で述べた自由主義の原則を当てはめて論じていきたい。

本章ではまず職業免許制度について一般的に論じ、続いて具体例として医師免許の問題を取り上げる。医師免許をとくに取り上げるのは、強力な敵を論破する方が、弱い相手を打ち負かすよりずっと価値があるからだ。思うに自由主義者を含むほとんどの人が、医者の仕事は国家免許を受けた人だけにやってもらいたいと考えているだろう。私自身にしても、医師に関しては免許制の根拠が他のどの職業よりも強力であることを認めるにやぶさかではない。それでもなお私は、自由主義の原則からすれば医師免許も容認できないという結論に達した。現実にも、医師免許制度は好ましくない結果を招いたと考えている。

経済活動に対する政府規制

政府は経済活動にさまざまな条件をつけ広く規制を行っている。職業免許制度は、その特殊な一例と言えるだろう。たとえば中世のギルド制は、誰がどの職業に就けるかをはっきりと規定した制度である。インドのカースト制度もそうだ。ただしカースト制度による職業の制限は、政府が強制したわけではなく、社会慣習の力が大きかった。カースト制度ほどではないが、ギルド制度の場合もそうである。

カースト制度では、どんな人も生まれついたカースト（身分）によって職業が決まるとされている。だが経済学者として言わせてもらえば、そんなことは断じてあり得ない。これでは職業別の人数配分が出生率だけで決められ、需要に応じて調整する余地がまったくないからだ。当然ながら、カースト制度はそのように運営されていたのではない。実際にはいくつかの職業にはあるカーストの人しか就けなかったというだけで、そのカーストの全員がその職業に就いたわけではない。そして農業のような一般的な職業には、さまざまなカーストの人が従事できた。だから、労働力の供給を需要に応じて調整することが可能だったのである。

現在の関税、独占禁止法、輸入割当、生産割当、ユニオンショップ制などは、どれもギルド制やカースト制と根は同じで、個人同士が何らかの取り決めをするときの条件を政府が決めている。そしてこれらの制度にも職業免許制度にも共通するのは、いずれも生産者を守るための措置だということだ。たとえば職業免許制度で守られる生産者は、特殊な技術を持つ人である。ほかの制度では、輸入品に関税をかけてもらいたい国内の生産者、「横暴」なチェーンストアから守ってもらいたい小さな商店の店主、さらには石油事業者、農家、鉄鋼労働者……といった具合である。

職業免許は、いまやさまざまな職業で登場している。この件については、私の知る限りではウォルター・ゲルホーンの説明が際立ってすぐれているので、紹介しよう。「一九五二年の時点では、飲食店やタクシーなどいわゆる個人営業を除く八〇の職業で、州法に基づく免許制度が導入されている。もちろん連邦法に基づく免許制もあるし、市条令によるものも多い。無線技術者や家畜仲買人などは、連邦法で免許の取得が義務づけられている。一九三八年にはすでに、ノースカロライナ州だけで六〇の職業が免許制になっていた。薬剤師、会計士、歯科医、衛生技師、精神分析医、鉱物分析師、建築士、獣医、図書館司書などはともかくとして、脱穀機の運転やくずタバコの取引まで免許制になっているのだから驚く。鶏卵の選別、盲導犬の訓練、害虫駆除、ヨットの販売、樹木の剪定、井戸掘り、タイル貼り、じゃがいも栽培にも免許が必要だった。きわめつきはハイパートリコロジストだろう。この職業はコネティカット州で免許制になっているのだが、要はむだ毛を抜く仕事であるらしい。これだけ立派な名前の職業だから、せいぜい威厳を持って抜かねばなるまい」*。こうした免許制を法制化するときのお決まりの言い分は、公共の利益を守るためだという。だが、たとえばハイパートリコロジストに法外に高い料金をとられたとか、何かひどい目に遭ったという市民が免許化を求めて議会に圧力をかけたという話はほとんど聞かない。実態はまったく逆で、免許化を求めて圧力をかけるのは、まずまちがいなく当の職業に就いている人たちなのだ。なるほど彼らは、自分たちがお客からどれほど搾取しているか誰よりもよく知っている。だから、専門知識があると大いばりで主張できるのだろう。

そして免許の審査にも、ほぼ必ず当の職業に就いている人が加わっている。考えてみれば、これまた当然の成り行きと言えよう。たとえば配管工という職業に就くのは、すぐれた配管工事に必要な技能を備えた人に限られるとするなら、その基準に達しているかどうかを判断できるのは、現役の配管工しかいない。したがって、免許認定委員会といった機関を構成するのは、おおむね配管工ということになる。薬剤師でも医師でも同じことだ。

ゲルホーンは、次のように指摘する。「今日アメリカにある免許認定委員会の七五%は、対象となる職業で免許を取って開業している人だけで構成されている。この人たちの大半は片手間に委員を務めているのであって、本業はその職業である。したがって認可条件や審査基準の決定に際しては中立ではあり得ず、それどころか直接の利害関係を持つ可能性が高い。そのうえ委員になる人の多くは、支部長であるとか役員であるといった具合に、職業内部に設けら

＊ Walter Gellhorn, *Individual Freedom and Governmental Restraints* (Baton Rouge: Louisiana State University Press, 1956). Chapter entitled "The Right to Make a Living", p.106.

れた組織の代表者である。通常、彼らはまずその組織で認定委員に選ばれたうえで、州知事なり何なりに正式に任命されるのだが、後者は形式に過ぎないことが多い。その形式すら省かれ、職業団体が委員を直接任命するケースもめずらしくない。たとえばノースカロライナ州の死体防腐処理者、アラバマ州の歯科医、バージニア州の精神分析医、メリーランド州の内科医、ワシントン州の弁護士の免許認定委員がそうなっている」*。

こんなふうだから、免許制度では本質的には中世のギルドと同じような規制が行われることになる。違いは、免許を与えるのが親方ではなく国や州だということだけだ。なお免許を認可する際には、素人目からするとどう考えても職業上の能力とは無関係の条件が付けられることが多い。もっともこれは、驚くにはあたるまい。一握りの人が、自分の縄張りへの参入を認めるか認めないかを決めてよいのだから、個人の好みや時代の風潮次第で、どんな途方もない要求もできる。ゲルホーンによれば、赤狩りの嵐が吹き荒れていた頃は、さまざまな職業で「忠誠の誓い」なるものが要求されたという。「一九五二年テキサス法では、薬剤師の免許申請者は、〈自分は共産党員ではなく、シンパでもない。暴力その他の不当な手段によってアメリカ政府の転覆を企図、宣伝、促進する組織を信奉せず、加担せず、支持しない〉ことを誓わねばならなかった。だがこの誓いと、薬剤師免許制度によって保証されるはずの公衆衛生との間には、どんな関係があるというのだろうか。またインディアナ州では、プロボクサーとプロレスラーは破壊分子でないことを誓わなければならなかったが、その理由が正当と言えるのかは甚だあやしい。(中略)コロンビア区では、ある中学の音楽教師が共産党員だとしてクビになり、その後ピアノの調律師にもなれなかった。共産党員の烙印を押されたためである。ワシントン州では、獣医はまず共産党員でないという宣誓書に署名してからでなければ、病気の牛や猫を診察できなかった」。**

共産主義をどう思おうと勝手だが、免許制度が目的とする職業の質の維持を共産主義と関連づけるのは、どうみてもこじつけである。免許認定に際して付けられたさまざまな条件をみると、思わず笑いたくなるほどだ。読者の息抜きも兼ねて、もうすこしゲルホーンからの引用を続けることにしよう。***

滑稽きわまりない例は、理髪師に関する規制だろう。理髪師は多くの州や市で免許制に

*前掲書、pp.140-41.
**前掲書、pp.129-30.
***公正を期すために、ウォルター・ゲルホーンと私の間には見解の相違があることを記しておかねばならない。私は職業免許制を撤廃すべきだと考えているが、ゲルホーンはそうは考えていない。免許制はかなり行きすぎになってはいるが、本来は有意義であり、手続き面を改善すれば制度の濫用は防げるというのがゲルホーンの意見である。

なっており、ここではメリーランド州のものを紹介する。この規制はメリーランド州裁判所で無効と宣告されたのだが、他の州では同じような規定が適法と認められていた。「本法廷は、理髪師志望者の教育について定めた法令を憂慮する。この法令によると、理髪師志望者は、理髪の基礎知識に加え、衛生学、細菌学、毛髪・皮膚・爪・筋肉・神経の組織、頭・顔・首の構造、殺菌・防腐処理に関する初等化学、皮膚・毛髪・粘膜・爪の病気、散髪・ひげ剃り・整髪、梳毛・白髪染め・漂白・毛染めを学ばなければならない」。[*]理髪師については、こんな記述もある。「理髪業の規制に関して一九二九年に一八州を対象に調査が行われたが、この時点ではどの州も、理髪師志望者が理容学校を卒業することは義務づけていなかった。ただしすべての州で、徒弟制度の下で一定期間見習い修行をすることは義務づけられていた。しかし現在では、どの州でも理容学校の卒業が資格要件になっている。理容学校では、器具の殺菌法などいわゆる座学を最低一〇〇〇時間行う。実際には一〇〇〇時間を大幅に上回る授業が行われるようだが、それでもなお卒業後の見習い期間は免除されない」。[**]こうした文章を読むと、職業免許制度というものは、単に政府介入の問題としては片付けられないように思う。この国では個人が自分の望むことをする自由が、すでに重大に侵害されているのである。しかもそれを拡大せよとの圧力が絶えず議会にかけられている現状からすれば、自由の侵害はますます増えるおそれがあると結論せざるを得ない。

職業免許制度の是非を論じる前に、なぜこのような制度が存在するのかを考えてみよう。また免許制度が次々に導入される事実から読み取れる政治面の問題点も考えてみたい。現在多くの州で理髪師は免許制になっており、同業者による免許認定委員会の認可を受けなければならない。だがたくさんの州でそう決まっているというだけでは、公益に適うからそうなったとは言えない。いや、実際の理由は全然違う。生産者は消費者より徒党を組んで政治的な力を持ちやすいというのがほんとうのところなのだ。この点は、ここであらためて強調しておきたい。*** 私たち一人ひとりは生産者であると同時に消費者でもある。が、消費者としての活動よりも生産者としての活動の方に多くの専門知識を持ち、労力を注いでいる。なにしろ消費者としては数千種類のモノやサービスを買ったり利用したりしているのだから、そうそう注意を払ってはおれない。生産者は、理髪師にせよ医師にせよ、その職業をとりまく事情に始終気を配り、役に立つことなら労を惜しまずやろうとするが、理髪店を利用する側はそうではない。

＊前掲書、pp.121-22.
＊＊前掲書、p.146.
＊＊＊たとえば Wesley Mitchell の著名な論文 "Backward Art of Spending Money" など。この論文は、同名の論文集 (New York: McGraw-Hill, 1937), pp.3-19 に再録されている。

毎日行くわけでもないし、大金を払うわけでもないから、その場限りの関心で終わってしまう。たとえ理髪免許制は不当だと思ったところで、わざわざ時間を割いてまでそれを議会で証言しようとする人がいるだろうか。まさに同じことが関税にも当てはまる。ある関税に並々ならぬ関心を示すのは、決まって、その関税のあるなしで多大な影響を被る集団に属す人たちだ。一方、市民の関心は広く薄く分散している。こうした状況では、利益集団からの圧力に対抗する仕組みがとくに用意されない限り、消費者に比べ生産者の方が、議会に対しても規制当局に対してもはるかに強い影響力を持つことは避けられない。こう考えると、ばかばかしい免許がこれほど多いことではなくて、この程度で収まっていることの方がよほど不思議である。さらに言えば、アメリカでも他の国でも市民は個人の営利活動に対して政府の規制からそれなりの自由を勝ちとってきたが、どうしてそんなことが可能だったのか、まったくもって謎だと言わざるを得ない。

利益集団の力に対抗するには、「これこれの事業は国がやるべきではない」という認識が広く浸透することしかないと私は考える。ある種の事業では国の関与を厳しく制限すべきだという認識を世の人々が持っていれば、この認識から外れたことをしようという人は、根拠を挙げて説得しなければならない。そうなれば、利益集団を助長するような措置がこれ以上はびこるのを防げるだろう。これは何度となく繰り返してきた私たちの信念であり、権利章典を守るべしという主張も、金融・財政政策は裁量ではなくルールによって運用せよという主張も、同じ考え方からきている。

免許制度の問題点

職業の規制には三つの段階があり、分けて考える必要がある。第一が登録制、第二が認定制、第三が免許制である。第一段階の登録制とは、何らかの職業に就くにあたり、氏名の登録が義務づけられる制度である。希望者は誰でも登録することができ、登録が拒否されることはない。ただし登録料や登録税など何らかの料金を徴収されることはある。

第二の認定制は、ある人がある技能を備えていることを政府機関が認定する制度である。ただし、認定証を持っていない人がその技能を使う職業に従事してもかまわない。その一例が会計士である。ほとんどの州では、公認会計士でなくても会計係や経理係になってよい。ただしCPA（公認会計士）の肩書きを付け、公認会計士事務所を開くことができるのは、公認会計士試験に合格した人だけである。もっとも認定制は過渡的な制度であることが多く、いまでは多くの州で、いろいろな業務が公認会計士でなければできないようになってきた。そうなると、少なくともその業務に関しては、公認会計士は認定制ではなく免許制になっていると言える。もう一つの例として、建築士がある。一部の州では、建築士を名乗るのは建築士試験合格者に限定されている。しかしこれも認定制であって、肩書きがなくても家を建てるのを指図して料金をもらってかまわない。

そして第三が、免許制である。この制度がとられている職業では、監督当局から免許を取得しないとその職業に就くことができない。免許はただの形式ではなく、必要な能力を持っていることを実証するか、能力を測るというふれこみの試験に合格することが求められる。そして免許を持っていない人がその職業を営むことは許されず、これに違反した場合には罰金または実刑の対象になる。

この三つの制度のどれなら妥当と言えるだろうか、またそれはどんな状況のときだろうか。私は次の三つの理由から、登録制なら自由主義の原則と矛盾なく正当化できると考える。

第一に、氏名の登録は、別の目的に役立つ可能性がある。一つ具体例を挙げよう。警察は犯罪取り締まりが仕事である。犯罪を予防するためには、よからぬ意図を持つ人の手に銃砲の類が渡らないようにしたいし、不幸にして犯罪が発生してからは、誰が凶器を手に入れられたかを知りたい。そのためには、銃砲取扱店を登録しておくと役に立つかもしれない。とは言え私の基本方針として、「正当と言えるかもしれない」というだけでは「正当である」と結論するわけにはいかない。自由主義の原則に照らして、登録制のメリット、デメリットを天秤にかける必要がある。いまここでは、「他の目的に役立つ可能性」が、登録制反対論に対抗する論拠になり得るとだけ言っておこう。

第二に、税の徴収が容易になる可能性がある。そもそも登録制は、登録料なり登録税なりをとるための制度と言ってもよいからだ。そうなると、登録税は収入を得る方法として果たして適切か、また登録制を活用するとその税金は徴収しやすいかどうかが問題になる。徴収が容易になるのは、登録者本人に税が課される場合、または登録者を税の徴収に利用できる場合である。たとえば特定品目に売上税をかける場合、課税対象品を販売するすべての店を登録させておけば徴収しやすい。

第三に、消費者を不法行為から守る手段となり得る。これは、一般市民にとっていちばん関係の深い理由と言えるだろう。自由主義の原則に照らすと、契約が履行されるよう条件を整えるのは政府の仕事である。そして不法行為は契約違反に当たると考えられる。契約違反が実際に起きる前から過度の防止措置を講じるのは、自発的な契約を妨げるおそれがあるので好ましくないが、しかしある種の職業では、不法行為がたいへん起きやすいのではないかと懸念される。だから、自由主義の原則を重んじる立場とは言え、そうした職業に就いている人をあらかじめ登録しておくことは望ましいと言わざるを得ない。タクシー運転手はその一例である。夜、乗客を一人乗せるようなとき、タクシー運転手は盗みを働くチャンスが多いのではあるまいか。だとすれば、それを防ぐためにタクシー運転手を登録制にし、一人ひとりに登録番号を与えて車内に提示するよう義務づけ、被害者はその番号を通報すればよいようにするのは、効果があるかもしれない。この場合、目的は警察力を活用することだけであって、登録制はそのためのいちばん効果的な方法と言えよう。

登録制に比べれば、認定制を正当化する根拠はずっと弱い。なぜなら、市場でも十分にこの機能を果たせるからだ。モノの認定、サービスの認定、どちらもそうである。市場にはさまざまな分野で民間の検査機関や認定機関があって、個人の能力なり製品の品質なりを保証してくれる。たとえば、権威ある消費者雑誌、グッドハウスキーピング誌が出す認定シールなどがそうだ。産業向け・消費者向けどちらについても品質試験を行う民間機関が存在し、消費者向けではコンシューマーズ・ユニオンやコンシューマーズ・リサーチが有名だ。販売店の品質認定をする機関としては、ベター・ビジネス・ビューローがある。また専門学校や大学は、卒業生の品質を保証していると言える。そして、小売店や百貨店は取扱商品の品質を保証している。だから消費者は店を信用するのだし、店の方も、品物をよく吟味して信頼を勝ち得ようとする。

ただし民間の認定サービスは、たとえ料金を払おうという人がいても、実際には商売にならない場合が意外に多いと考えられる。というのも、たとえば商品テストなどでは、テスト結果を秘密にしておくことがむずかしいからだ。そうなると、サービスの対価を回収できるかどうかが問題になってくる。これは、特許権や著作権の場合と基本的に同じ問題と言えよう。仮に私が認定サービス業を始めるとしても、確実に料金を払ってもらえる方法はなさそうだ。誰かに情報を売ったとき、その誰かが別の誰かにしゃべってしまうことを防ぎようがないからである。料金と引き換えでなければ情報が入手できない仕組みを確立できれば、たぶんかなりの人は喜んで払ってくれるだろう。だがそういう仕組みにできないとすれば、認定情報は民間取引の対象にならない。となると、ある種の外部効果に関して政府の力を借りたように、認定制も政府に任せるのが妥当だということになる。

また認定制は、技術的独占を根拠に正当化できるかもしれない。認定情報を提供する相手がいくら増えても費用はさほど変わらない点を考えると、たしかに認定事業には技術的独占につながりやすい面がある。ただし、必ず独占につながるとは言い切れない。

免許制は、認定制以上に正当化し難い。免許制は、個人が自発的に契約を結ぶ権利をさらに侵害しかねないからだ。とは言え免許制の根拠の中には、自由主義者といえども認めざるを得ないものもある——もちろん、そのメリット、デメリットは、つねに慎重に天秤にかけなければならないが。自由主義者にとって妥当と認められる免許制の根拠は、外部効果である。その最もわかりやすい例が、ヤブ医者が伝染病を野放しにするケースだ。自分の患者に迷惑をかけるだけなら、医師と患者が自発的に結ぶ契約の範疇であって、政府が干渉する余地はなかろう。だが、医者が患者の処置を誤って伝染病を広めるような結果になれば、無関係の第三者にまで害がおよぶ。そうなった場合、被害を受けかねない人は誰でも、医者になるのは能力のある人に限ってほしいと考えるだろう。

この根拠なら自由主義者もいくらか納得できるのだが、実際には免許制支持論者が主張しているのは、例の温情的配慮である。しかしこちらは、ほとんど説得力がない。彼らの言い分は、こうだ——たいていの人は、自分の召使いすら賢く選べない。医者も配管工も理髪師も上手に選べない。たとえば、良い医者を見分けるには医学の心得がなければならないが、ほとんどの人はそうではないのだから、医者の選択にかけては無能力だ。したがって、無能力のせいで被害に遭わないよう政府が守ってやらなければいけない……云々。だがこの主張は、消費者たる市民が無知ゆえにヤブ医者やヘボ理髪師の餌食にならないよう、有権者たる市民が気をつけてやらなければいけないと言っているのと同じである。

以上が登録制、認定制、免許制それぞれを正当化し得る根拠である。どの制度でも社会にかなりのコストを負担させることになるので、それに見合うメリットがあるのか、よく検討しなければならない。社会コストの一部についてはすでに触れたし、医療については次節で述べるが、ここでざっとまとめておくことにしよう。

三つの制度のどれを採用した場合でも明らかに発生する社会コストは、その職業に就いた集団が、それ以外の市民を犠牲にして独占に突き進む手段となり得ることである。これを避ける方法は、ない。独占を防ぐ何らかの措置をあらかじめ講じておくことはできても、消費者の利害が広く薄く分散しているのに対し生産者の利害は集中しているので、結局は独占化を完全に食い止めることはできない。三つの制度のいずれであれ、強い関心を持ち、施行を要求し、運用に注意を払うのは、当の職業に就いている人である。彼らは必ず登録制から認定制へ、さらには免許制へと要求をエスカレートさせる。そして首尾よく免許制が実現した暁には、反対意見を唱える人の口を封じようとする。不満分子は免許を認めてもらえないので他の仕事に就くほかなく、やがては関心を失う。新規申請者に免許を出すかどうかを決めるのはその職業集団なので、必然的に職業の独占が起きる。

この点では、認定制ははるかにましである。資格認定を受けた人がそれを濫用し、新規申請者にむやみに厳しい条件を課して認定者数を過度に制限するといったことは、もしかすると起きるかもしれない。だが、そうなれば有資格者と無資格者の間の料金格差が大きくなり、無資格者を利用する人が増えるだろう。経済学の用語で言うなら、有資格者のサービスに対する需要弾力性はかなり大きいので、資格を理由に市民から搾取できる余地は限られている。

このように認定制は、免許制に移行しない限りにおいて登録制と免許制の中間に位置し、ある程度まで独占を防ぐ役割を果たす。この制度には欠点もあるが、免許制支持論者の論拠の多くがじつは認定制に当てはまることに注意してほしい。とくに温情的配慮がそうだ。無知な一般市民には腕のいい職人を見抜けないと言うなら、必要なのは、誰の腕がいいのか情報を公開することではないか。そうした情報を与えられたうえでなお無資格者を利用するとしたら、それはその人の勝手である。「知らなかったからひどい目に遭った」とはもう言えない。このように、免許制を要求する理由は認定制で満たされるので、免許制を正当化する理由はもはや存在しないと思われる。

なお社会コストは、登録制でもいくらか発生する。登録制が発足すると、いずれ登録者は登録カードの携行や事業開設前の事前通知を義務づけられるようになりかねない。また先ほど指摘したように、登録制は認定制、免許制への第一歩でもある。

医師免許制度

医者という職業には、ずっと昔から、免許を持っていないと就けないことになっている。たしかに「無能な輩に医者をやらせるべきか」と質問されたら、ノーと答えるしかなさそうだ。だがここで、あらためて考えてみてほしい。必ずしもそうと断定はできなくなるだろう。

医師免許制度は、まず何よりも、医者が同業者の数を制限するための重要な手段となっている。なぜそうなっているのか、からくりを知るためには、医師という職業の構造を考えてみなければならない。米国医師会（AMA）は、アメリカの職業別組合の中でおそらくいちばん力が強い組織である。そして職業別組合で力が強いとは、その職業に従事できる人の数を制限できるということだ。人数制限をする方法としては、本来より高い給与水準を勝ち取るという間接的なやり方もある。高い給与水準が維持されれば、雇われる人数は限られるので、結果的に従事する人の数を減らせるからだ。だが、医者になろうとする人の中には現状に不満を抱く改革派がつねにいるもので、このやり方だと、そういう人たちの参入を防ぎ切れない。この職業をめざす人、正確に言えばこの職業に就こうと勉強を始める人をスタート地点で直接的に制限できれば、組合としてははるかに具合がいい。そうすれば不満分子を初めから排除できるので、その後は一切気にしなくて済む。

米国医師会はまさしくそれができる組織、つまり参入の可能性のある人の数を制限できる職業別組合である。なぜそんなことができるのかと言えば、医学大学院への入学の段階で制限するからだ。医学大学院そのものを認可するのは、米国医師会に所属する医学教育病院審議会なのである。医学大学院が認可を取り消されないようにするためには、審議会の基準を満たさなければならない。医師の数を制限したくなるような事態に立ち至るたびに、審議会の影響力は遺憾なく発揮されてきた。たとえば一九三〇年代の不況期には、審議会が医学大学院に通達を出し、学生数が多すぎて適正な教育が行われていないと指摘した。すると翌年か翌々年にはどこも軒並み入学者数を減らし、通達の効果のほどが明らかになったものである。

なぜ医学教育病院審議会の認可がこれほど重要なのだろうか。もしそれが権利の濫用に当たるなら、勝手に医学大学院を開設すればよいではないか。そうはいかないのは、アメリカのほとんどの州で医師が免許制になっており、免許取得の条件が州指定の医学大学院を卒業することとなっているからだ。そしてほとんどの州で、指定医学大学院とは審議会が認可した医学大学院である。こうしたわけで、免許制を後ろ盾にした効果的な制限が可能になっている。医学教育病院審議会は二重の影響力を発揮する。まず、免許審査会の委員は全員医師なので、審議会は免許審査にそれなりの影響力を持つ。ただしこの影響力は、医学大学院に対する影響力ほどには強くない。免許が必要な職業では申請者は何度も試験を受けられるのがふつうだから、何度も挑戦し、あちこちの州で受験すれば、いずれは合格すると見込めるからだ。なにしろすでに医学の勉強にお金と時間をかけているのだから、何としても合格しようと努力するにちがいない。教育を修了しないと免許が付与されない制度の場合、一度では合格しないかもしれないとか、もしかするとずっと合格できないかもしれないというように、その職業に就くまでのコストを高くすることで参入を制限できる。だがこれよりも、職業を選ぶ時点で選択肢を排除してしまう方がずっと効果的だ。医学大学院に入学する時点でふるい落とされれば、必然的に医師国家試験も受けられず、医師になる道は閉ざされる。このように、ある専門職に従事する人を制限する効果的な方法は、専門職大学院で入学制限をすることである。

医学大学院と免許制度の両方を牛耳っている医師会は、二段構えで参入を制限している。第一は、受験生を不合格にするというごく単純明快な方法である。第二は、医学大学院の入学や医師免許の条件をひどく厳格にして、若者に受験意欲を喪失させることである。これは第一の方法ほど露骨ではないが、効果は抜群だ。たとえば、ほとんどの州法では医学大学院の受験資格として二年間の学部教育を受ければよいことになっているが、受験生のほぼ全員が四年間の大学教育を修了している。また、厳しいインターン制度があるため、医師としての職業訓練の期間も長い。

本題から逸れるが、専門職大学院の入口で規制することに関して、弁護士は医師ほど成功していない。弁護士も規制を働きかけているのに、なぜうまくいかないのか。理由を探ったところ、おもしろいことがわかった。米国弁護士協会が認可する法科大学院はすべて全日制で、夜間部はほとんど認可されていない。ところが現在の州議会議員の大半は、夜間制の法科大学院出身者である。もし弁護士の開業資格を弁護士協会認可の大学院に限ることにしたら、州議会議員の多くには開業資格がないことになる。それは沽券にかかわるというわけで、弁護士は医師の物真似をあまり認めてもらえないのである。私はこの件を長いこと調査していないが、最近では状況は変わってきたと了解している。生活が豊かになって全日制の法科大学院に通える学生の比率が大幅に高まっているので、州議会議員の構成も変わってきたからだ。

さて本題に戻ろう。医師の場合、審議会が認可した医学大学院の卒業を義務づけることが、参入を制限する最も効果的な手段となっており、医師会はこれを利用して同業者の数を制限してきたと述べた。ここで誤解を避けるために書き添えておかねばならないが、私はなにも、医師一人ひとりや医師会の支部長や医学教育病院審議会の理事が、自分たちの収入を増やすためだけにわざわざ手間暇かけて参入制限をしていると言うつもりはない。参入制限には別の狙いがあるのだ。参入制限で所得が増えるのは望ましいという場合ですら、彼らは次のように言い訳する。曰く、同業者の数が増えすぎると収入が減る。すると、「適正な」収入を確保するためには医療倫理にもとる診療行為もせざるを得ない。したがって医療倫理を維持するためには、医師という職業の価値と必要性に見合う所得水準を維持しなければならない……。これはまたひどくいかがわしい理屈だと言わざるを得ない。倫理的にも現実的にも、この言い分が成り立つとは思えない。医師を代表する立場にある人が、お金をもらえないと倫理を守れないと公言してはばからないとは、驚くべきことである。仮にそうだとしても、いくらもらえれば守れるというのだろうか。貧しいとまっとうな商売ができないとは言えまい。むしろ現実は逆であって、まっとうな商売をしないと儲かるのではなかろうか。いかさまが儲かるとは限らないが、ときに儲かるのはまちがいないのだから。

　所得水準を維持するためという名目で参入制限を正当化できるのは、失業者が大量に発生し所得水準が低下するような大恐慌などの場合だけである。それ以外の場合には、参入制限の根拠は別であって、職業の「質」なるものを向上させることだとされている。しかしここでは、職業の技術効率と経済効率が混同されている。ありがちな誤りだが、こうした誤解が現実の制度運用についての理解を妨げる。

　それでは、両者はどう違うのか。ここでは、わかりやすいエピソードで説明しよう。ある弁護士の集まりで開業免許が話題になったとき、私の友人は職業参入の制限に反対し、自動車産業のたとえを挙げた。もしも自動車業界が、粗悪な車を走らせるべきではない、したがってキャデラックより品質の劣る自動車の生産を禁じると主張したら、非現実的ではないか、と。するとー人が立ち上がり、すばらしいたとえだ、その通り、法曹界もキャデラックばりの超一流弁護士以外は認めるべきではない、と言ったものである。専門職の世界では、得てしてこうなりやすい。その職業の技術水準にこだわるあまり、一流の技術を持つ者しか認めるべきでないと言いたくなるのはわかるが、しかしこれでは、そのために一部の人が医療を受けられなくてもやむを得ないと言っているのと同じことである。「最高級」の医療サービスだけを提供すべきだという主張は、結果的には必ず参入制限に行き着き、医師の数を減らすことになる。もちろん、これだけが唯一の原因だと言うつもりはない。だがこのようなもっともらしい主張のせいで、ほんとうなら参入制限には真っ先に反対するような患者に親身な医師まで、制限に賛成するのだということは言っておきたい。

質の向上云々が方便に過ぎないことは、簡単に証明できる。なにしろ医学教育病院審議会は、どう考えても質とは関係のないやり方で参入制限をしてきたからだ。いちばんわかりやすい例は、米国市民権を開業許可の条件とするよう各州に勧告したことである。一体なぜそれが医療の質と関係があるのか。また審議会は、医師国家試験の英語での受験を義務づけようと何度となく画策してきたが、これも同罪である。もう一つ、審議会が質とは無関係の要件にこだわる例を紹介しよう。この例は、審議会の権力と影響力のほどをじつに雄弁に物語っている。一九三三年にドイツでヒトラー政権が誕生すると、専門職に就いている人がドイツやオーストリアから大量に国外に逃れた。その中には医師も大勢おり、その多くがアメリカで開業したいと願っていた。ところが一九三三年から五年間の統計を見る限り、外国で専門職教育を受けアメリカで開業許可を得た人の数は、その前の五年間とまったく変わらないのである。これはどう考えても尋常ではない。大量の免許申請者の出現に直面した審議会が資格要件を厳格化し、それが外国人医師にとって過大な負担となったことはまちがいない。

以上のように、医師にとって免許制が同業者の数を制限する決め手であることはまちがいないが、同時にまたこの制度は、医療技術や医療組織の改革を抑え込む武器でもあった。米国医師会は、チーム医療にも前払請負医療にも執拗に反対してきた。それらがいいのか悪いのか私にはわからないが、患者が望むなら、新しい試みを採り入れる自由を保障すべきではないか。医療のあり方として最も良いのは医師中心の現在の方法だ、と結論できる根拠はどこにもない。チーム医療が最適なのかもしれないし、医療組織の法人化が望ましいのかもしれない。どんなやり方も試せるような制度が用意されるべきだ。

ところが米国医師会はこうした試みに抵抗し、あまつさえ効果的に禁止してきた。なぜそんなことができたかと言えば、やはり免許制を武器に、病院で行われる医療まで間接的に支配できたからである。医学教育病院審議会は、医学大学院だけでなく病院の認可も行っているのだ。そして認可された病院で診療を行うためには、医師は郡の医師会か病院の理事会の承認を得なければならない。無認可で開院すれば面倒が省けそうなものだが、現状ではそうはいかないようになっている。インターンを使わないと病院運営は経済的に成り立たないからだ。ほとんどの州の医師免許法では開業免許の申請条件としてインターン実習を義務づけているが、そのインターン実習は、指定病院で受けなければならない。指定病院とは医学教育病院審議会が認可した病院であるから、免許制は結局のところ、医学大学院のみならず病院をも支配する力を医師会に与えていることになる。こうした次第で、チーム医療に対する医師会の反対は功を奏してきた。もっとも、チーム医療が認められたケースもないわけではない。たとえばコロンビア特別区では、医師グループが反トラスト法違反だとして米国医師会を訴えて勝訴した。他にもいくつか特殊な事情による成功例はある。だが医師会の反対によって、チーム医療の普及が大幅に遅れていることはまちがいない。ちなみに、医師会が反対しているチーム医療が前払請負方式だけである点は興味深い。おそらく、その方式では差別的な価格設定ができないという経済的な理由からだろう。*

免許制が参入制限の最大の武器として使われていること、これが社会に重いコスト負担を強いていることは、明らかである。医師になりたいのになれない人がおり、自分の受けたいサービスが提供されず医療を奪われている市民がいる。それでは一体免許制には、支持論者の

* Reuben Kessel, "Price Discrimination in Medicine", *The Journal of Law and Economist*, Vol. I (October, 1958), 20-53.

言うような好ましい効果があるのだろうか。

何よりもまず、免許制によって質の向上は実現するのだろうか。残念ながら、以下に述べる理由から、実際の診療の質的向上につながっているとは言えない。まず、参入障壁というものは何であれ、必ずそれを回避しようとする動きを呼び起こす。医療も例外ではない。整骨や指圧といった職業が登場したのは、医療分野への参入制限と大いに関係がある。つまりどちらも、参入障壁に抜け道を見つける方策だったと言える。そして今度は整骨や指圧が免許制になり、参入を制限するようになってきた。その結果むやみにいろいろな療法が生まれ、整骨やら指圧やら信仰療法やらは医療行為とは別扱いになっている。こうして医療とはみなされなくなったいわゆる代替療法は、参入制限がない場合より質が下がってしまう可能性が高い。

さらに、参入制限があるために医師の数が本来必要な数を下回り、医者が誰も彼も精一杯働くとすると(現実にもそうなっている)、正規の医師による医療行為の総量、具体的には延べ医療時間は、参入制限がない場合よりも少なくなる。その減った分を誰が補っているのか。少なくとも一部は、全然資格のない人がやっているにちがいない。しかも、実態はもっと甚だしいことになっている。「医療行為」は免許のある医師に限るとした場合、当然ながら医療行為とは何かを定義しなければならないが、そこで縄張りを拡げたくなるのは人の常であるらしい。

無資格者の医療行為が法律で禁じられた結果、別にキャデラック級の専門医でなくとも十分にこなせる多くの行為が、免許を持つ医師に限定されているのである。私はこの方面に明るくないので実例を挙げることはできないが、この問題の研究者によれば、救急隊員でも十分できることまで「医療行為」に含める傾向が明らかに認められるという。となると、他の人でも問題なくこなせる「医療行為」に正規の医師がかなりの時間を割くことになり、その結果必然的に、本来の医療行為に充てる時間は大幅に減ってしまう。医療の平均的な質というものがもしあるとしたら、それは、実際に行われた医療の質を平均しただけでは得られない。それでは、死ななかった人だけを対象に治療効果を判断するのと同じである。質を考えるときは、参入制限の結果「行われなかった医療」が増えたことも考慮しなければならない。この点を勘案すれば、参入制限によって医療の質はかなり低下したと言える。

以上の考察はあくまで現時点についてのもので、将来のことも考慮しなければ十分とは言えない。進歩というものは、どんな学問のどんな分野でも、大勢の奇人変人や門外漢の中からひょいと生まれることが多い。だが医療分野の場合、現在の状況では、医師や医学博士でない限りこの分野の研究や実験を行うのはむずかしくなっている。では現に医師である人が研究をしやすいかと言えば、そうとも言えない。評判を維持したいと思うなら、そうそう奇想天外な研究や実験に手を出すわけにはいかないからだ。一方、信仰療法師の類はもしかするとまやかしであって、患者の弱みにつけこんでいるだけかもしれない。だが何千人もの信仰療法師の中から一人ぐらいは、医学の偉大な進歩に貢献する人が出る可能性はある。学問を究め知識を発見する方法は、けっして一つではない。現在の制度は、いわゆる医療行為を制限し特定の集団に資格を限定している。それが当たり前と受け取られているが、その集団は、限定してくれた権威に従わざるを得ない。このようなやり方では研究や実験の量は確実に減り、したがって学問の進歩や発展に支障を来すだろう。同じことだが、医療のあり方についても言える。この点についてはすでに触れたが、あとでもう少しくわしく論じることにしたい。

さて、医師免許制とそれに伴う職業の独占が医療の質を低下させる理由は、もう一つある。ここまでで私は、第一に医師の数が減ること、第二に重要でない仕事に正規の医師のかなりの時間がとられること、第三に研究や実験に時間を割く意欲が失われることによって医療の質が低下すると指摘した。いま一つの理由は、医療過誤を起こしても、賠償を払わずに済むケースが多いことである。個人は不正行為に対して法の保護を受けられるように、医療過誤に対しても訴訟を起こして賠償を求めることができる。実際にも訴訟は起こされており、医者に言わせれば、医師賠償責任保険の保険料がばかにならないそうだ。しかし医師会の厳重な監視の目が光っていなければ、医療過誤訴訟はもっと多いだろうし、もっと勝訴もしているだろう。自分の証言次第では同業者が認可病院で働けなくなると思えば、医者はなかなか不利な証言をしたがらないものだ。そうなると、証言をするのは医師会自体が設置する調査委員会のメンバーしかいない――この人たちは、建前上は患者の利益のために証言することになってはいるが。

以上の点を考慮すると、私としては、免許制は医療の量を減らし質を低下させていると結論せざるを得ない。加えて医者になれる機会を減らし、医師志望者が他の職業を選ばざるを得ないようにしている。また、免許制がない場合よりお粗末な医療に対して高い診療費を払わせている。さらに、医学と医療の両方で進歩を妨げている。したがって、医療行為をなす絶対条件として免許を義務づけるのはやめるべきである。

私が討論の場でこういうことを言うと、出席者は異口同音に「だがそうすると、一体何を目安に医者を見分ければよいのか。おっしゃる通り現行制度にデメリットが多いことを認めるにやぶさかではないが、それでも免許制は、最低限の質をある程度は保証してくれる唯一の方式ではないか」と質問する。おそらく読者の多くもそう聞きたいところだろう。それに対しては、「いまだって電話帳から行き当たりばったりに医者を選んでいるではないか」と答えようか。あるいは、「二、三〇年前に国家試験に合格したからと言って、いま腕利きの医者とは言えない。だから免許制は、最低限の品質保証のよりどころにはならない」と答えてもいいかもしれない。しかしまじめな答は、こうだ――「そんな質問をすること自体、現状維持の罠に落ち込み、想像力が働かなくなっている証拠なのですよ」。人は、自分に専門知識が乏しいと思う分野では、得てしてそうなりやすい。これに対して、市場はつねにはるかにアイデアに富んでいる。それではここで、もし免許医が職業を独占しようと企てなかったら、医療がどのように発展し、医療の質はどのように保証されたかを想像してみよう。

不正や過失により他人を傷つけた場合には法的責任と賠償責任を問われることを条件に、誰もが自由に医療行為をしてよいとしよう。すると、医療の発達はいまとは全然違ったものになっていただろう。免許制に縛られている現在の市場からでさえ、そのヒントが垣間見える。おそらく、病院と連携したチーム医療が大いに発展していたのではないだろうか。現在の医療では個人の開業医と公立や公益法人方式の大病院が別々に存在しているが、自由参入となれば、パートナーシップ方式や株式会社方式が発展したと考えられる。そうした組織で医療従事者をプールし、診断・治療センターを持ち、入院設備を併設する。支払方式としては入院保険・健康保険・団体保険を組み合わせた前払請負方式もあれば、治療ごとに個別料金をとるやり方もあり、おそらく多くの場合、両方が併用されたことだろう。

それぞれ得意分野を持つ医療従事者のプールは、さながら医療デパートといったところだろうか。このデパートが、患者と医師の仲介役を果たす。長期存続が前提であり、逃げも隠れもできないので、信頼性と質についてぜひとも良い評判を確立しなければならない。評判が上がれば、消費者はすぐに気づく。また医療デパートの運営会社は、ちょうどデパートが取扱商品の質を見定めるのと同じように、医療従事者の質を見きわめ、患者に代わって腕利きとヤブを選別してくれるはずだ。さらに技術や経験の異なる人をうまく組み合わせ、未熟練者にはそれなりの仕事を割り当て、熟練者や専門技術者はふさわしい仕事のために待機させるというようにして、医療サービスを効率的に組織できるだろう。ぜひ読者も現在一流病院で行われていることを参考にして、免許制のない医療の現場を想像してみてほしい。

もちろん、医療すべてがこの方式で行われることはあり得ない。ご贔屓を持つ小さな老舗がデパートの傍らで営業するように、個人の弁護士事務所がパートナーシップ方式の大手法律事務所と張り合うように、個人の開業医が姿を消すことはないはずだ。評判のいい町医者は生き残る。プライバシーにこだわる患者、医者との長年の付き合いを大切にする患者もいる。小さな町や村には医療デパートはふさわしくないなど、チーム医療方式がフィットしない場面はいろいろある。

私はチーム方式が主流になるだろうと言うつもりはない。現在の医療のあり方に代わるやり方はたくさんあることを、例を挙げて説明したかっただけである。ほとんどの人は現状以外の選択肢を思いつけないし、ましていまとは違うやり方がよいなどとは考えてみることさえできない。私が政府への権力集中に反対し、免許制などの仕組みに反対するのは、まさにこのためである。そうした仕組みは実験や研究開発の余地を狭める。これに比べると市場は多様性に対して寛容で、専門知識や専門能力が広く活用される。だから私は市場を支持するのだ。市場では、特定集団が新しい試みを妨害することはできない。市場では、どれがいちばんいいかを選ぶのは消費者であって、けっして生産者ではない。

第10章
所得の分配

Distribution

CHAPTER 10 The
of Income

二〇世紀に入ってから、少なくとも欧米では、集産主義あるいは社会主義的な傾向に心情的に同調する動きがみられた。所得の平等は社会としてめざすべき目標の一つであり、この目標の達成に国の力を使うべきだという論調が広がったのである。平等を重んじる世論動向や、これを背景に採用されてきた平等化政策の是非を論じるにあたっては、まず二つのことを問いたい。第一に社会のあり方として、平等を目的とする政府の介入はどのような根拠から正当化できるか。第二に現実の社会において、実際にとられた政策にどの程度の効果があったのか。

分配の根拠

「各人へは、それぞれが所有する手段を使って生産したものに応じて」——市場経済における所得の分配の根拠となり得る原則がもしあるとしたら、これになるだろう。この原則は、早くも暗に国の介入を前提としている。というのも、生産手段の所有権は法の規定と社会の慣習によって成り立つものであり、先に論じたように、その定義と実行は国の主な役割の一つだからだ。この原則に従って所得と富を完全に分配したときの最終結果は、所有権や財産権の定義次第で大きく違って来よう。

生産に応じて払うという資本主義的な立場と、平等を重視する目下人気の社会主義的な主張とは、両立するのだろうか。ある意味では両立する。なぜならほんとうの意味で結果を平等にするためには、生産に応じて対価を払う必要があるからだ。たとえばここに二人の人間がいて、同程度の能力と手段を持ち合わせているとしよう。ただし片方は怠けるのが大好きで、片方は商売熱心だとする。だとしたら、最終的な見返りを平等にして二人を平等に扱うためには、市場を通じて稼ぎを不平等にすることが必要だ。Aは日なたぼっこをする時間がたくさんある暇な仕事を選び、Bは儲けは多いが過酷な仕事を選んだとして、もしAとBが同じ賃金をもらったら、それこそ根本的なところでの所得の不平等と言わねばならない。同様に、結果を平等にするためには、おもしろくてやり甲斐のある仕事よりつらい汚れ仕事に高い報酬を払う必要がある。世の中で見受けられる不平等の大半はこの種のものであって、所得の差が職業や仕事の中身の差を埋め合わせているのだ。経済学者はこの差を「格差を均す格差」などと呼ぶ。金銭的な利益とそれ以外の利益の総和を等しくする格差、というほどの意味である。

各人を平等に扱うとは、いまの例からわかるように、各人の好みを満足させることだとも言える。これを実現するために、じつは市場ではもう一種類の不平等が思いがけない形で働いている。ここではわかりやすくするために、宝くじを例にとって説明しよう。同程度の資産を持っている何人かのグループがあって、全員がそれぞれ宝くじを買うことにする。このとき、この人たちが最初の平等な資産を思い切りよく投じるのは、所得に大きな差がつくという不平等が生じる可能性があるからこそだ。事後に所得の再分配をするのは、くじを買う行為そのものを否定するに等しい。くじの本質は運試しだと考えれば、この例は見かけよりははるかに深い意味を持つ。考えてみれば人は職業を選ぶとき、投資先を物色するときと同様、運すなわち不確実性に賭けるのが好きかどうかにかなり左右される。たとえば公務員でなく映画女優をめざす少女は、自ら人生の宝くじを買っているのだ。国債でなく格安のウラニウム鉱山株を買う投資家も同じである。逆に確実性を好む手堅い人は、保険をかける。このように現在の不平等の多くは、つまるところ各人の好みを満足させようとするさまざまな仕組みがもたらした結果である。その例はきわめて多く、いま挙げたのはそのほんの一部に過ぎない。そもそも雇用や経営の仕組み自体が、不確実性に関する好みを満足させられるよう設計されている。もしも映画女優の卵がそろって堅実志向だとしたら、おそらくは女優組合のようなものを結成し、あらかじめ収入を分け合う約束などをするだろう。言い換えれば、リスクをプールして不安定な収入に保険をかけていただろう。また、もし誰も彼もが安定志向だったら、独立のベンチャー企業などは生まれず、リスクの高い事業と低い事業を組み合わせて運営する大規模多角企業ばかりになっていたはずだ。そして石油の鉱脈を探す山師だとか、裸一貫で事業を興そうとする人だとか、無限責任会社などには、まずお目にかかれなかったにちがいない。

累進課税その他により所得の再分配を試みる政府の措置は、このように不確実性を回避する試みだと解釈することもできる。市場では運営コストがかかるなどの理由から、市民が望むような多種多様なくじといったものを取りそろえることはできない。だから、代わって政府が累進税を用意しましょうというわけだ。この見方には一面の真理があるとは思うが、課税されるのが事後だという点を考えただけでも、妥当とは言えない。累進税が課されるのは、人生の宝くじで誰が当たりを引き当て誰が外れだったか、おおむねわかってしまったあとである。それも累進税制に賛成票を投じるのは、だいたいは外れを引いた人なのだ。こう考えると、まだ当たり外れが定まらない世代、つまりまだ生まれていない世代について適用税率を決めるのは、妥当と言えるかもしれない。その場合、少なくとも名目の累進税率は、現在よりずっとゆるやかになると考えられる。

以上のように生産に応じて払われることによって生じる所得の不平等は、格差を均す格差が作用したか、不確実性に対する好みを満足させた結果であることが多い。が、じつは生まれながらに持っているものの格差もまた、相当程度に影響をおよぼす。生まれながらに持っているものとは、才能であったり、あるいは財産であったりする。そして、所得分配の是非を巡って厄介な問題を引き起こしているのは、これなのである。

生まれつき持っている才能の不平等と、生まれつき持っている財産の不平等は違う。自分で稼いだ財産に起因する不平等と、相続した財産に起因する不平等も違う――これが世間の一般的認識であるらしい。相続財産に起因する不平等はじつにもって腹立たしい。それに比べれば才能の不平等は致し方ないし、本人の稼ぎが原因で不平等になるのもよしとしよう、と考えられている。

しかしこんなふうに区別するのはおかしい。両親からすばらしい美声を授かって巨万の富を築くのはよいが、両親から相続した財産で高収入を得るのは不当だと言える根拠はどこにあるのだろうか。また、ロシアの人民委員の子供には明らかに農家の子供より高い収入（そしておそらくは粛正の危険性）が保証されているが、それは、アメリカの億万長者の息子に高い収入が保証されていることと比べて妥当なのか、それとも不当なのだろうか。次にこの問題を親の側から考えてみよう。金持ちの親が子供に資産を残してやりたいと思ったら、いろいろなやり方が可能だ。たとえば資産を教育費に投じて、公認会計士の勉強をさせ資格を取らせることができる。あるいは事業を興して跡を継がせることができる。あるいは信託基金を設定し利息や運用益が入るようにしてやることもできる。どの方法をとっても、何もしてやらない場合より子供の収入が増えることはまちがいない。だが、第一の方法では本人の能力による収入、第二の方法では本人の働きによる利益とみなされるのに対し、第三の方法では相続財産による（不当な）収入とみなされるだろう。しかし、この三つを区別するまともな根拠があるとは私には思えない。それに、自分の能力や才能で生み出した富は好きにしてよいし、自分が築き上げた富が生む利益も好き勝手にしてよいが、富を子供に譲るのは認められないというのは、つじつまが合わないではないか。自分の所得を湯水のごとく使い果たすのはよいが、かわいい息子や娘に与えてはいけないというのは納得できない。子供に与えるのも勝手な使い道の一つのはずだ。

生産に応じた分配、その結果としての不平等の容認といった資本主義の原則に対して現在なされている反論には、このように根拠がない。が、もちろんそれだけでは、この原則がよいということにはならない。考えてみれば、資本主義的な論理や価値観を受け入れるべき根拠を示すのはむずかしい。しかし、退けるべき根拠を示すのもむずかしく、ほかに妥当な考え方もないように思う。私自身は、これを普遍の原則とみなすべきではないと考えるようになった。そうではなく、自由のようにもっと大きなものを実現する手段であり、あるいは必然的な帰結であると捉えるべきではないだろうか。

それではいくつか架空の例を挙げて、所得の分配を巡る根本的な問題点を明らかにしたい。ここに四人のロビンソン・クルーソーがいて、それぞれが別の孤島に流れ着いたとしよう。ただし、四つの島の距離はごく近い。一人はたまたま滋味豊かな大きい島に漂着し不自由なく暮らしているが、残り三人は運悪く不毛な小さい島で、生き延びるのがやっとだとする。ある日、四人はお互いの状況を知る。このとき、豊かな島のロビンソンが「こっちに来て一緒に住もう」と他の三人に呼びかけたとしたら、なかなかに見上げた男だと言えるだろう。だがもしそうしなかったとしたら、どうか。残る三人が結束して豊かなロビンソンに迫り、幸運の分け前をよこせと強要するのは正当だろうか。おそらく多くの読者がイエスと答えるだろう。だがちょっと待ってほしい。もう一つ同じような例で考えてみたい。ある男が友達三人と道を歩いていて、落ちていた二〇ドル札を拾ったとしよう。これを山分けにするか、あるいはみんなに一杯ずつご馳走してやったら、その男はじつに気前がいいということになるだろう。だが、そうしなかったらどうだろうか。残り三人が結束して分け前をよこせと強要するのは正当だろうか。おそらく今度は多くの読者がノーと答えるだろう。もっと突き詰めて考えたら、気前のいい行為それ自体が「正しい」とは言えないという結論に達するかもしれない。たとえば、地球上に住むすべての人の平均を上回る財産を持っている人は超過分を均等に分け与えるべきだと主張できるだろうか。あるいは自らそうできるだろうか。もしそうする人がいたら、さぞ感嘆と賞賛の的になることだろう。だが、財産をいつも均等に分け与えなければならないとしたら、文明社会は存続できまい。

運のいいロビンソンや二〇ドル札を拾った男がいささか度量が狭いからと言って、分け前を強要するのは許されない。理由はどうあれ、不正は不正なのだ。そのような行為は、自分の訴訟に自分が裁判官になって自分の権利を認め相手の権利を剥奪する判決を下すのと何ら変わらない。地位や富の差ですら、遠くから眺めてみれば偶然の産物とみなすことができる。せっせと働きせっせと倹約する人はそれに見合う見返りを受けるべきではあるが、その勤勉でまじめな性格も、じつは親から幸運にも（あるいは不運にもと言うべきか）受け継いだ遺伝子によるところが大きいのだから。

人は口先では「運」より「実力」に価値を認めるけれども、実際には運による不平等の方が実力による不平等よりはるかに受け入れやすいものだ。大学教授は、同僚が競馬の大穴を当てたとき、羨みこそすれ恨むことはないだろうし、不当な扱いを受けたとも感じないだろう。だが同僚が昇給し自分より少しでも報酬が多くなったとしたら、大いに不快に思うにちがいない。運は相手を選ばないが、昇給は明らかに実力を相対評価した結果だからである。

生産に応じた所得分配が果たす役割

生産に応じて払うということが市場経済において第一に果たすのは、実際には所得ではなく資源の配分機能である。第1章で述べたように、市場経済は自発的な交換を通じた協力によって成り立つ。市場参加者が協力し合うのは、そうすれば各自のほしいものが手に入りやすいからだ。しかし、自分が生産した分の対価を全部は受け取れないような社会では、自分の生産能力とは無関係に取り分を増やそうというスタンスで交換に臨むことになる。言い換えれば、社会全体の総生産を基準に所得が決まるような社会では、双方が満足するような交換は成り立たない。したがって物的・人的資源を最大限に有効活用するためには、少なくとも自発的な交換に依存する社会では、生産に応じて対価を払うことが必要になる。十分な説明を与えたうえでなら、対価というインセンティブに代えて強制力を使えるのかもしれないが、私は懐疑的だ。生産手段は簡単に移動できるが、人を強制的に朝九時に工場へ行かせることはできても、最大限の力を発揮してもらうことはまずできない。逆に言えば、協力ではなく強制に頼ると、資源を最大限に活用することは望めなくなる。

このように市場経済では、生産に応じて払われることが前提になっているために、強制によらない効率的な資源配分が実現する。が、その結果として所得の公正な分配も実現するとみなされなかったら、この前提は受け入れられなかっただろう。基本的な価値観や原則が大多数の市民に当たり前のこととして受け入れられていない社会は、必ず不安定になる。社会の根幹にかかわるような仕組みは、便宜的な手段としてではなく、揺るぎないものとして広く受け入れられなければならない。生産に応じて払うという約束事は、以前から、そしていまも、そうしたものの一つだと言える。

なぜそう言えるかは、資本主義社会の内部から起きた資本主義批判を吟味してみれば、簡単に説明できる。ある社会の屋台骨となるような重要な価値観とは、その社会の構成員誰もが認める価値観、その社会の体制の支持者はもちろん、反対論者も等しく受け入れる価値観である。そして資本主義の痛烈な内部告発者でさえ、「各人へは生産に応じて」払うのが正しいと暗黙のうちに認めているのだ。

どういうことか、ここでは資本主義の批判者として最も大きい影響力を持つマルクスを取り上げて説明しよう。マルクスは、労働者は「搾取」されていると主張した。なぜかと言えば、「あらゆる生産物をつくったのは労働者だが、労働者にはその一部しか払われていない」からだという。残りは、マルクスの言葉を借りれば「剰余価値」である。この主張に示された労働の実態を仮に認めるとしよう。しかしそれについてのマルクスの判断は、資本主義の原則に従ったからこそ出てきたものだ。なぜなら「労働者には生産した分だけ受け取る権利がある」という条件の下でしか、「搾取」されたとは言えないからだ。翻って社会主義では、「各人へは必要に応じて、各人からは能力に応じて」ということが前提になっている。これが本来何を意味するにせよ、この前提に従う限り、労働者には生産ではなく必要に見合うだけ払わなければならず、労働者は対価にかかわらず能力に見合うだけ生産しなければならない。

マルクスのこの主張は、言うまでもなく他の論点からみてもまちがっている。第一に、動員されたすべての資源がもたらす生産物の合計と、生産に付加された量すなわち経済学用語で言う限界生産物とが混同されている。さらに問題なのは、前提から結論にたどりつくまでの間に「労働者」の内容がいつの間にか変質していることだ。マルクスは生産における資本の役割は認めたが、資本を生むのは労働だと考えていた。この点を踏まえてマルクスの三段論法の前提部分をきちんと書き直すと、次のようになる。「あらゆる生産物をつくったのは現在と過去の労働者であり、現在の労働者にはその一部が払われている」。すると、結論はこうなるだろう。「過去の労働者は搾取された」。この結論に基づいてどう行動すべきかと言えば、過去の労働者にもっと見返りを与えるべきだということになる。とは言え、立派な墓碑を建ててあげることぐらいしか思いつかないのだが。

生産に応じた分配を行う市場は、効率的な資源配分を実現するほかに、もっと別な役割も果たしている。第1章でみたように、市場がもたらした不平等は政治権力と無縁の資産家を生み、この人たちの力が政府への権力集中を打ち消す働きをする。また、人気のない思想や変わった考えを広める運動にカネを出そうという奇特なパトロンを生む。同じように経済の世界では、新奇な製品の実験や開発にカネを出そうというパトロンを出現させる。この人たちは印象派の絵ばかりではなく、実験的な車やテレビの試作品の類も気前よく買ってくれるのだ。さらに市場では「当局」などは不要で、機械的に分配が行われる。これは、強制によらずに協力を出現させる市場に固有の一面と言えるだろう。

分配の実態

生産に応じて払う資本主義社会では、所得と富がかなり不平等になりやすい。現にいまの社会もそうなっている。これをみて「資本主義は他の体制よりも甚だしい不平等をもたらす」と誤解する人が多く、その当然の帰結として「資本主義が発展し浸透するにつれ不平等が進行した」と考えられている。所得分配に関する統計データが読み誤りやすく、短期的不平等と長期的不平等が混同されたのも、誤解に拍車をかける結果となった。所得の分配は実際にどうなっているのか、ここで広い視点から検討してみることにしたい。

すると、所得の源泉に関する驚くべき事実に気づく。大方の予想に反して、資本主義が進んだ国ほどいわゆる資本運用による所得は小さく、労働の提供による所得が大きくなるのだ。インドやエジプトなどの途上国では、総所得の約半分が財産所得、いわゆる不労所得である。アメリカではこれは五分の一程度に過ぎず、資本主義を掲げる他の先進国でもほぼ同程度になっている。もちろんこれらの国が持つ資本は途上国よりはるかに多いが、国民の生産能力は、さらに数段すぐれている。したがって、絶対値でみた財産所得は途上国より大きいけれども、総所得に対する比率でみれば小さくなる。これは要するに、資本主義の偉大な成果は財の蓄積にあるのではないということだ。財の蓄積によって、市民がその能力を伸ばし高める機会を与えてきたことにある。にもかかわらず資本主義の反対論者は、資本主義は物質至上主義だと批判し、支持論者の側は、それは進歩の代償だと的外れの言い訳をしている。

もう一つ、世間の認識に反するような意外な事実がある。資本主義社会の方が他の体制の社会よりも所得や富の不平等が少ないということだ。資本主義が発展した社会ほど不平等は少ない。国別でみても、過去の例をみても、そう言える。欧米の資本主義社会、たとえば北欧やフランス、イギリス、アメリカは、インドなどの階級社会、エジプトなどの途上国に比べ、はるかに平等である。ロシアをはじめとする共産主義国の場合は、信頼できるデータがほとんどないので比較が困難だが、特権階級と一般市民との生活水準の差で不平等が推定できると考えれば、ロシアが資本主義国より甚だしく不平等であることはまちがいない。また欧米の中で比べても、資本主義が進んだ国の方が、所得や富の格差が小さいことがわかる。たとえばフランスよりイギリスの方が、イギリスよりアメリカの方が格差は小さいように見受けられる。ただし国民の構成も考慮すべきだから、単純には比較できない。たとえばイギリスとアメリカを比較するなら、イギリスには本国のほかに西インド諸島やアフリカの委任統治領も含めるべきだろう。

過去と比較しても、資本主義社会では経済の進歩により不平等が大幅に減ってきたことがわかる。たとえば一九世紀には、ジョン・スチュワート・ミルはこう書いた。「今日（一八四八年）までにたくさんの機械が発明されたが、それで日々の仕事が楽になったのか、大いに疑わしい。財を築く経営者はたしかに増えたし、中流階級の生活水準も上がったが、単調な仕事に縛りつけられる労働者も増えた。機械は、いずれは人類の運命を大きく変化させる可能性を秘めていると考えられるが、現時点では、その変化はまだ始まっていない」*。この記述は、たぶ

* *Principles of Political Economy* (Ashley edition; London: Longmans, Grenn & Co., 1999) , p.751

んミルの時代にも当たってはいなかったと思う。それはともかく、今日の進んだ資本主義社会でこんなことを書く人は一人もいないだろう。しかしミルのこの指摘は、資本主義以外の体制をとる国にはいまだに当てはまる。

過去一世紀にわたる進歩と発展の最大の特徴は、大衆が重労働から解放されたこと、それまで富裕層に独占されていたモノやサービスが大衆の手に入るようになったことである。その一方で、富裕層の手に入るモノやサービスはさして増えていない。また、超のつく富裕層がそれまで悠々と享受していた贅沢も、技術の進歩のおかげで、形こそ違え大衆の手に届くものになった(医療はまだそうなっていないようだが)。思いつくだけでも、近代的な給水・給湯設備、セントラル・ヒーティング、自動車、テレビ、ラジオなどがそうだ。こうした贅沢を、かつての大金持ちは召使いやお抱え芸人を使って実現していた。それに匹敵するものが、いまや大衆も手軽に味わえるようになっている。

こうした現象に関するくわしい統計資料は乏しく、有意で比較可能な所得分布統計はすこししかない。いま述べた結論は、これまでに行われた研究でおおむね裏付けられてはいるが、統計データの解釈には注意を要することを書き添えておく。たとえば統計には、長期的にみれば所得を平等にするような短期的な格差と、そうでない格差との相違が表れない。具体的に説明しよう。野球選手の選手生命は短い。したがって選手の年俸は他の職業より大幅に高くしないと、金銭的な魅力は等しくならない。それでもこの一時的な所得格差は、他の格差と同じ重みで統計に影響をおよぼす。また、所得の発生単位にも重要な意味がある。個人所得の分布は、だいたいは世帯の所得の分布よりばらつきがはるかに大きい。というのも世帯を個人に分解すると、そのうちのかなりの比率がパートタイムで働く主婦であったり、家賃収入や配当収入などで暮らす人であったりするからだ。となると、所得格差を考えるとき、世帯の総所得をみるべきか、個人所得か、それとも単位時間当たりの所得かが問題になる。この点はけっして枝葉末節ではない。過去半世紀の間にアメリカで生活水準の格差が縮まったのは、単一要因としては子供の数による家族構成の変化が最大の原因だったと私は考えている。これに比べれば、累進制の相続税や所得税の影響ははるかに小さい。絶対的に低い生活水準は、相対的に低い世帯収入と相対的に多い子供の数が重なった結果なのだ。いまでは一世帯当たりの子供の平均数は減ったうえ、大家族が事実上消滅している。その結果、一世帯当たりの子供の数に大きなばらつきがなくなった。だがこのことは、世帯総所得の分布からは読み取れない。

所得分布に関する統計データでは、短期的な所得格差と長期的な格差が混在しているという欠点もある。したがってデータの解釈にあたっては、二つの不平等を区別しなければならない。ここで、年間所得の分布がまったく同じであるような二つの社会があると仮定しよう。一方の社会は流動性が高くて変化が大きく、ある世帯の所得ランキングは年によって上がったり下がったりする。もう一方の社会は流動性に乏しく、ランキングはあまり動かないとする。この場合、どの点でも後者の方が不平等な社会だと推定できる。前者の不平等は絶え間ない変化や社会の流動性や機会の平等の結果であり、後者の不平等は身分や階級の結果と考えられるからだ。この二つが統計で混同されてしまうのは、重大な問題と言わねばならない。競争資本主義社会は後者を駆逐し前者を促す働きをするので、なおのことである。資本主義でない社会では、年間所得で比較しても所得格差が大きく、さらに格差が恒常化する傾向がある。これに対して資本主義社会では身分や階級は崩壊し、流動性が高まる。

所得再分配政策

所得の分配を変えるために政府がよく使うのは、累進制の所得税と相続税である。多くの国がこれを採用している。ここでは累進課税が好ましいかどうかを論じる前に、まずは所期の目的を達しているのかどうかを検討したい。

現時点でわかっていることだけでは、はっきりした答は出せない。したがって以下に述べるのは、私の個人的な見解である。根拠に乏しい意見ではないつもりだが、簡潔を期すために、データから推論できる以上に断定的な調子で述べていることをお断りしておく。私の印象は、こうだ——累進制の所得税と相続税が達成できた所得格差の縮小は、無視できるとまでは言わないが、かなり小さい（なおここで言う所得格差とは、統計上の所得階層でみた各層間の世帯平均所得の格差を意味する）。その一方でこれらの税によって、同一所得階層内に相当程度の不平等が裁量的に持ち込まれている。したがって差し引きした効果が、「結果の平等」という所期の目的に照らして平等化を促したとは断言できない。むしろ不平等を助長した可能性がある。

所得税と相続税の税率は、名目上はきわめて高く、累進性もきつい。だがその効果は、二通りのやり方で打ち消されてきた。第一に、課税前の分配が一段と不平等になった。税金というものは、税の帰着、すなわち税の最終的な負担者の行動に影響をおよぼす。高い税金がかけられるような行動にはリスクや金銭以外の不利益が伴うため、あえて参入する人は少なくなる。その結果、そうした行動のリターンは高まる。第二に、税金を回避するためのさまざまな措置が次々に制定されるようになった。減耗控除、地方債の利子課税免除、キャピタルゲイン・経費・福利厚生など間接的報酬に対する優遇税制、通常所得のキャピタルゲインへの転換等々、いわゆる法の抜け穴は数も種類もおどろくほど多い。こうした措置により、実際に課される税率は、名目税率よりはるかに低くなっている。だがもっと重大なのは、税の帰着が不公平に裁量的に決められるようになったことだ。同じ所得水準の人でも、何で収入を得たかによって、また優遇税制や税の減免措置を受けられるかどうかによって、払う税金がひどく違ってくる。もし現在の累進税制が徹底的に適用されたら、勤労意欲が削がれ、社会の労働生産性は急降下しかねない。そう考えれば、税逃れができるのは経済にとってよかったのかもしれない。しかしこのメリットを得るために、資源の壮大な無駄遣いと社会に広がる不平等という高い代償が払われている。抜け穴などを用意するより、名目税率を大幅に引き下げ、あらゆる所得の源泉に広く平等に課税すべきだ。そうすれば、税負担は平均でみればより累進的に、個別にみればより公平になり、資源の無駄遣いは減る。

以上のように現在の個人所得税は裁量的であって、所得や富の不平等を減らす効果はさほど上がっていない。多くの研究者がこの結論を支持しており、その中には、所得再配分のために累進課税を使うこと自体には賛成の研究者も入っている。最高税率を大幅に引き下げ課税ベースを広げるべきだというのが、大方の研究者の主張である。

累進税が所得や富の不平等を軽減できない理由はもう一つある。累進税は、すでに裕福な人よりも、これから富を築こうとする人にとって重荷になることだ。累進税があると、既存の資産から上がる収入をさらに活用しようという意欲はたしかに削がれる。が、それよりも、資産を築く活動にとって打撃ははるかに大きい（税が規定通り取り立てられるとしての話だが）。資産から上がる収入に対する課税は、資産そのものを減らしはしない。減らすのは消費と資産の拡大だけであって、資産自体は維持される。つまり累進税は、リスクを避け、既存資産を守る方向へと所有者を仕向ける。そうなれば、すでに築き上げられた資産が分散する可能性は低くなる。これに対して、これから資産を築く場合はどうだろうか。だいたいは巨額の利益を上げ、それを貯蓄し、またリスクも高いがリターンも高い事業に再投資することによって、資産は築かれていく。だが累進的な所得税が厳格に適用されたら、このやり方で資産を築く道は閉ざされるだろう。要するに累進税は、既存資産の所有者を挑戦者から守る役割を果たす。もっとも実際には、先に挙げた抜け穴のおかげで、累進税のこうした影響の大半は打ち消されている。新たな富の蓄積が、とくに石油産業で大々的に行われたことに注目してほしい。石油産業の場合、アメリカでは資源枯渇の対策費に引き当てるとの名目で定率減耗控除が認められているため、巨額の税控除をたやすく受けられたのである。

累進課税がよいか悪いかを判断するにあたっては、税を二つの目的に分けて扱うべきだと私は考えている。現実にこの二つを厳密に区別できるかどうかは甚だ心許ないのであるが、ともかく第一は、政府が行うと決まった事業の資金を調達するための税（第12章で取り上げる貧困対策税など）、第二は、所得の再分配だけをするための税である。第一の税は、受益者負担の原則からも、社会の公平を考えても、多少は累進制が必要かもしれないことは認めよう。しかし現在の所得税・相続税の最高税率を正当化することはできない。これらによる税収が現にひどく少ない点を考えただけでも、容認できない。

第二の所得の再分配だけを目的とした累進税については、自由主義者の立場としては妥当な根拠は認め難い。このような累進税は、強権でもってAから引きはがしBに与えるあからさまな例であって、個人の自由に真っ向から反すると考える。

以上の点を勘案したうえで、個人所得税として最も望ましいのは、基礎控除を上回る所得に対する一律税率の適用である。このとき、対象となる所得はできるだけ広げる一方で、控除の対象は厳密に定義した必要経費に限る。そしてこれと並行して、第5章でも触れたが、法人税は打ち切る。企業の所得は株主のものであり、株主はそれを納税申告に含めなければならない。このほかには、石油その他の資源に関する減耗控除の廃止、州債・地方債の利子非課税制度の撤廃、キャピタルゲイン優遇税制の廃止、所得税・不動産税・贈与税の調整、現在認められている数々の控除の廃止なども望まれる。

基礎控除を設ければ一種の累進性を持たせることになるが、これは妥当な範囲と考えられる（くわしくは第12章を参照されたい）。人口の九〇％が自分たちに対する課税と残り一〇％に対する税の免除を決めることは、九〇％が残り一〇％に対する懲罰的な累進税を決めることとまったく違う。いまのアメリカでは、後者になっている。比例的な一律税率を導入した場合、高額所得者が政府のサービスに対して払う絶対額は多くなるかもしれないが、受益者負担の原則からすれば、これは不当とは言えまい。それに、多数派が自分の税負担には影響しない税金を採択し、少数派に押しつけるような事態を回避できる。

現在の累進税に代えて一律税を導入するという私の案を、多くの読者はひどく過激だと思われることだろう。たしかに、考え方としてはそうだ。だが、結果はけっして過激ではないことを強調しておかねばならない。税収、所得の再分配、その他どの基準からしても、きわめて穏当な結果になる。現行の所得税では税率が二〇〜九一％に設定されている。独身者で課税対象所得が一万八〇〇〇ドルを上回った場合、共同申告する既婚者が三万六〇〇〇ドルを上回った場合の適用税率は五〇％だ。だが二三・五％の一律税率を適用すれば、現行の累進税と同じ税収を確保できる計算になる。課税対象所得は、現在の定義に従い申告されている課税所得、すなわち現在認められている基礎控除・各種控除をすべて差し引いた所得で計算している。* 一律税率を適用するだけで、ほかは税法をまったくいじらないとしても、税収は増えるはずだ。というのは、次の三つの理由から、申告所得は現在より増えると見込まれるからである。第一に、申告所得を減らそうと、いわゆる節税対策に躍起になる理由が減る。節税そのものは違法ではないが、社会にとってマイナスである。第二に、申告すべき所得を隠す脱税行為が減る。第三に、累進制では勤労意欲が削がれがちだが、これがなくなるため資源が有効活用され、所得も増える。

現在の累進性の高い税構造で税収が少ないなら、所得再分配の効果も小さいはずだ。ならば累進税は無害かと言えば、そんなことはない。税収が少ないのは、稼ぎが多く能力もある人たちの一部が、できるだけ税金を払わずに済むよう頭をひねり策を弄しているからである。そして残りの人たちの多くは、税金を減らすような行動をとっているからである。どれも、じつにもって無駄だ。その結果、何が得られたと言えば、たかだか一部の人が、国はきちんと所得を再分配していると満足するだけのことである。それも累進税の実際の効果を知らないからのことで、内情を知れば、満足感など消え失せるにちがいない。

所得の分配を変えるには、税金ではなく、まったく違う策を講じるべきである。現在みられる不平等の大半は市場の不完全性に起因するが、その不完全性の大半は、政府の手で生み出されている。したがって、政府の手で取り除くことが可能だ。ルールを修正し不平等を根元で断ち切るのが当然であろう。たとえば政府が特別に許可している独占、関税、特定集団に有利な法的措置などが、不平等を生み出す原因となっている。自由主義者としては、これらの撤廃を強く望む。また教育を受ける機会の拡大は、不平等を減らすうえで大きな効果があった。こうした政策は対症療法とは違って根本原因を取り除くので、はるかに好ましい。

政府が講じた策が悪い結果を引き起こし、別の措置をもってしてもそれを完全には打ち消

＊この点は非常に重要なので、数字と計算式を挙げておく。以下の数字は、内国歳入庁「一九五九年所得統計」による。これは、本書を書いている時点で入手可能な最新の公式統計資料である。この年の課税所得合計は、次の通り（単位：百万ドル）：

個人申告所得	一六六、五四〇
税控除前所得税額	三九、〇九二
税控除後所得税額	三八、六四五

これに対して、申告所得に二三・五％の一律税率を適用した場合の税収は、
166,540 × 0.235 = 39,137
となる。
したがって、税控除が同じとすれば、一律税でほぼ同じ税収を確保できる。

せない例は多いが、所得分配に関してもまさにそれが起きている。いわゆる「大きな政府」の支持者が不満を表明する現象の多くは、大きな政府か小さな政府かを問わず、政府が引き起こしたのである。にもかかわらず、決まって市場経済が悪者にされ、政府の介入が正当化される。所得の分配も、この例に漏れない。

第**11**章

社会福祉政策

al Welfare

CHAPTER II Socia

Measures

累進性の強い個人所得税が採用されるにいたった背景には平等を重んじる心情的傾向があった、と第10章の冒頭に書いた。この同じ心情に後押しされて、特定集団の「幸福」をめざす政策がほかにも数多く策定された。中でも最も重要なのが、いわゆる「社会保障」というじつに誤解を招きやすい名前の政策である。このほかに公営住宅、最低賃金法、農産品の政府買取保証価格制度、特定集団のための医療保険、生活保護などがある。

本章ではまず社会保障以外の政策を取り上げ、これらの政策の効果が当初の意図からどれほどかけ離れているかを検証する。続いて、社会保障プログラムの中で単独項目としては最も比重が大きい老齢・遺族年金をくわしく取り上げる。

社会保障政策以外の福祉政策

一　公営住宅

公営住宅の賛成論者がよく引き合いに出すのは、外部効果の一種の近隣効果である。具体的にはスラム街だのこれに類する低級な居住地区が近くにあると、消防や警察を強化しなければならないので、近隣に余計なコストが発生するという言い分だ。この文字通りの近隣効果は、たしかに存在するかもしれない。だが、それは公営住宅を供給する根拠にはならない。そういう近隣効果があるなら、社会コストを膨らませるような劣悪住宅の方に高い税金をかけるべきだ。そうすれば、社会の負担に個人の負担を釣り合わせることができる。

するとただちに、「そんな税金は低所得層にとって重荷になり、好ましくない」という声が上がるだろう。そうした反論が出るということは、公営住宅を供給する根拠が近隣効果ではなく低所得層の援助にあることを意味する。とすれば、なぜ住宅なのか。貧しい人々を助けるために資金を投じようと言うなら、現物ではなく現金の方が役に立つではないか。住宅より現金の方がいいと言う家族は必ずいるだろうし、住宅が必要な家族は現金を住宅資金に充てればよいから、現金をもらって困ることはないはずだ。現金で生活を補助しても、住宅を用意するのと同じように、近隣効果を解消することができる。その現金は、たとえ住宅に使われなくとも、近隣効果を理由とする警察や消防などに回されることになるからだ。

以上のように、近隣効果、低所得層の援助いずれの理由でも公営住宅の供給は正当化できない。何とか正当化できるとすれば、温情的理由ぐらいであろう。すなわち援助の対象となる家族はほんとうは他のものより住宅が必要なのだが、頑としてそれを認めないとか、無分別に浪費してしまうというわけだ。自由主義者としては、責任ある大人に対してこのような態度で臨むことは認めたくない。ただし、子供たちに間接的に影響がおよぶことを考えると、完全に拒否するわけにもいかない。具体的には、子供にはぜひともよい住宅が必要なのに、それを親が無視するというケースである。ただし、そういうケースのためだけに公営住宅に巨額の予算を投じるというならば、それを正当化できるようなもっと信頼性の高い裏付けデータを示してもらわなければならない。

以上は、公営住宅がまったく存在していなくても、理論上の問題として論じられることである。実際にはすでに公営住宅が存在するので、さらに議論を進めることにしよう。実際の公営住宅を調べてみると、当初意図した効果は上がっていないことがわかる。

公営住宅は、期待通り貧しい人々の住宅事情を改善するどころか、悪化させているのだ。公営住宅を建設するために撤去された住宅の数は、新しく建設された住宅の数よりはるかに多い。公営住宅が建設されたからと言って貧しい人の数が減るわけではないから、結果として、住宅の数は足りなくなる。運よく公営住宅に入居できた人は、たしかに以前よりも快適になったにちがいない。だが、残りの人の問題は一段と深刻化した。以前より少ないスペースに以前より多くの人が住むことにならざるを得ないからである。

もちろん、住宅は公営ばかりではない。民間企業が既存用地の宅地転換や新規の宅地開発などを行って、公営住宅建設のために立ち退きをさせられた人や公営住宅に入居し損なった人のために住宅を供給しており、これで、公営住宅プログラムの悪影響はいくらか打ち消されている。だが公営住宅プログラムなどなくとも、民間の住宅がもとから存在していたことは言うまでもない。

なぜ公営住宅はこのような体たらくに終わったのだろうか。それは、これまでに何度も出てきたおなじみの理由による——公共計画を支持する市民の関心は広く薄く分散しており、しかも一時的だが、ひとたび計画が実行に移されれば、その計画で利益を受ける集団の影響力が圧倒的に大きくなるからだ。公営住宅の場合、この利益集団とは、荒れたスラム街が取り壊され再生されることを望む地元住民のグループである。この人たちはそこに土地を持っているのかもしれないし、自分たちの近所や商店街がスラム街に脅かされているのかもしれない。ともあれこのグループの望みを達成するには、公営住宅は願ってもない手段である。必要なのは、新たな住宅を建設することより、まず壊すことなのだ。だがいくら壊しても、いまだに都市問題の対策予算を求める声が高まり続けているところをみると、この問題は一向片付いていないらしい。

もう一つ公営住宅に期待されたのは、住宅事情を改善すれば若年犯罪が減るだろうということである。しかし、公営住宅プログラムはまず平均すれば住宅事情を改善できなかったし、そのことはさて措くとしても、若年犯罪の抑制についても多くの場合期待を完全に裏切った。なぜか。公営住宅の家賃は政府が補助しているので、当然のごとく入居条件として所得制限が付けられている。すると入居世帯は、いわゆる「事情のある家庭」、たとえば離婚や死別による母子家庭がかなり高い割合を占めるようになる。このような家庭の子供は問題を起こしやすいように見受けられ、そうした子供が集中すれば、犯罪につながりやすい。公営住宅の近隣にある学校が荒れていることが、この傾向を雄弁に物語っている。問題を抱えた子供の一人や二人なら学校でも十分対応できるだろうけれども、大勢となるとお手上げである。極端な場合には、事情のある家庭が入居者の三分の一以上を占め、近隣の学校区では在籍児童の大半が公営住宅の子供たちということもある。もし政府が住宅でなく現金を支給していたら、こうした家庭が一カ所に集中することはなかっただろう。

二　最低賃金法

最低賃金法は、当初の意図とは正反対の効果をもたらした法律の代表例である。最低賃金法を支持する大勢の善意の人々は、極端な低賃金を遺憾に思っている。これはまことにもっともなことだ。そして彼らは低賃金こそ貧困の象徴だと考え、ある一定水準以下の賃金を違法にすれば貧困は減らせると信じている。だが事実はまったく逆で、最低賃金法は明らかに貧困を増大させた――これを効果と言えるなら、これが同法の唯一の効果である。国は法律で最低賃金を定めることはできる。だが国は、それまで最低賃金以下で雇っていた労働者を最低賃金以上で雇うよう雇用主に強制することは、ほとんどできないのだ。そんなことをするのは、明らかに雇用主の利益に反する。したがって最低賃金法の導入は、結果的に失業を増やす。なるほど低賃金は貧困の証であろう。だが職を失うのは、最低賃金法の支持者からみればいかに低かろうと、その賃金をもらえなくなるといちばん困る人たちなのである。

これは、ある意味で公営住宅のケースとよく似ている。どちらも、助かる人は目に見える。賃金が上がった人、公営住宅に入居できた人だ。ところがかえって被害を受けた人は見落とされる。失業に追いやられた人々。最低賃金法の対象となる仕事から締め出され、もっと賃金の低い仕事に就くか、でなければ生活保護を受けざるを得なくなった人々。そうした人々は目につかず、境遇の悪化の原因が最低賃金法と結びつけられることもない。この人たちはスラム街にひしめき、スラムはとめどなく拡がる。それは公営住宅のせいとは受け取られず、逆に公営住宅はまだまだ不足しているとみなされるのである。

最後に、最低賃金法の支持者は利害関係のない善意の第三者ではなく、利害関係のある集団だということを言っておかねばならない。たとえば、南部からの脅威に直面した北部の労働組合と企業は、競争を抑え込む目的で最低賃金法に賛成した。

三　農産物価格支持制度

政府による農産物の買取保証価格を定めたいわゆる価格支持制度も、狙いと反対の効果をもたらした例である。このような制度が用意されるからには、平均的な農家の所得が少ないという根拠がなければならない。それが立証できないなら、農家は不釣り合いに多くの代表を大統領選挙人団や議会に送り込んでいるからこんな制度ができたとしか考えられない。仮に農家の所得が低水準だと認めるとしても、価格支持制度では、助けが必要な農家を救うという所期の目的を達することはできない。理由の第一は、価格支持制度の恩恵と称するものが農産物の出荷量に比例することだ。これでは、困窮した農家を救うことにはならない。貧しい農家は裕福な農家より出荷量が少ないだろうし、育てた作物のうち自家用に回す割合が裕福な農家より多い。そして、自分の家で食べてしまえば価格支持制度の恩恵には与れないのである。第二に、価格支持制度から農家が受ける恩恵がいくらかあるとしても、それは、制度に投じられた費用よりはるかに小さい。たとえば、政府が農産物を引き取る場合の貯蔵費用を考えてみればすぐわかる。ひょっとすると、価格支持制度でいちばん潤うのは貯蔵倉庫業者かもしれないのだ。同様のことが、政府から払われる農産物の代金についても言える。農家はそのお金で肥料や種や農機具を買いたくなるだろうから、懐に入るのはごく一部に過ぎまい。しかも懐に入るわずかなお金でさえ、制度がもたらすメリットとは言い難い。というのも、そうしたお金が手に入るのを当て込んで、農業にとどまる人が不必要に増えるからである。価格支持制度の下で手に入るお金が、農業をやめた場合に稼げる収入を少しでも上回っていれば、それだけで農家にとって差し引きはプラスになる。要するに買取制度は農家の生産高を増やしはするが、農業従事者一人当たりの所得を増やしはしない。

この制度がどんな代償を伴ったかはすでによく知られているので、ここでは列挙するだけにとどめよう。第一に、消費者は二重に損をしている。農産物を買い上げる予算に税金を使われたうえに、価格支持制度により高い農産物を買わされるからである。第二に、農家は七面倒な規制を受け政府からあれやこれや干渉されている。第三に、農業を監督する官僚機構が肥大し、国民がそのツケを払わされてきた。だがこのほかにも、この制度は世間にあまり知られていない損失を引き起こしている。農業補助プログラムが外交政策の足を引っ張っているのだ。まず農産物の国内価格を世界の価格水準よりかなり高く保つためには、多くの品目で輸入割当をするしかない。またアメリカが気まぐれに政策を変えるたびに、貿易相手国は多大の損害を被ってきた。たとえばアメリカの綿花価格が高水準だったときは、多くの国が競って綿花栽培を拡大した。しかし、その結果として供給過剰になり在庫が積み上がって手の施しようがなくなると、アメリカは一転して安値で国外に綿花を売りつけ、栽培を拡大していた他国の生産者は大損をしたものである。似たような例は枚挙にいとまがない。

老齢・遺族年金

社会保障プログラムは、未来永劫存続することが大前提になっているような政府プログラムの一つである。発足当初にはずいぶん議論の的になったのだが、いまやあるのが当たり前で、望ましいかどうかなど問題にされもしない。だが社会保障プログラムは、何ら説得力のある理由もなしに、国民の大多数の生活を相当程度に侵害している。私からみれば、これは自由主義の原則は言うにおよばず、どんな論拠を以てしても正当化できない。ここでは、社会保障プログラムで大きな割合を占める老齢年金について検討する。

この年金は正式には老齢・遺族保険（ＯＡＳＩ）と言い、次のように運用される。まず、社会保障税という特別税として保険料が給与から源泉徴収される。保険金すなわち年金の方は、あらかじめ決められた支払開始年齢に達した人に、年齢・世帯の状況・過去の所得に応じた金額を払うことになっている。

老齢・遺族保険制度を分析すると、三つの要素から成り立っていることがわかる。第一は、幅広い階層に対する指定年金への強制加入である。つまり政府は、国民に老後の備えを強制している。第二は、指定年金を政府から買わせている。これは、年金事業の国営化にほかならない。第三は、所得の再分配である。支払開始年齢に達したときに受け取る年金の価値が、支払った保険料の価値と等しくならない限り、再分配していることになる。

この三つを組み合わせる必然性はどこにもない。たとえば個人は、給与から天引きではなく自分で積み立ててもいい。このとき、政府指定の年金を買うにしても、民間の保険会社から買って差し支えないはずだ。また政府は、個人に強制的に買わせるような形をとらずに年金事業に参入し、独立採算でやっていくように運営してもよかろう。それに年金を使わなくとも所得の再分配は可能であり、現に政府はそうしている。

ここでは先に挙げた三点が年金の要件として妥当と言えるのか、逐一検討することにしたい。論理展開の都合上、第三の項目から逆の順序で論じる。

一　所得の再分配

現在の老齢・遺族保険プログラムは、主に二種類の再分配を行っている。第一は、プログラムの加入者から別の加入者へ。第二は、一般の納税者から受給者への分配である。

第一の再分配は、主に若い加入者から年配の加入者への分配という形で行われる。現在の高齢者は納めた以上の給付を受けており、この状況はしばらく続きそうだ。一方、現行制度では、いま若い加入者が高齢に達したときに受け取る給付は明らかに少ない。

このような再分配を、どんな根拠で擁護できるのだろうか。たとえ自由主義者でなくとも、納得がゆくまい。国から受給者に与えられる補助金は貧富とは無関係で、富裕な人も貧しい人も同額を受け取る。しかも、補助金の財源となっている税金は所得とは無関係の一律税率だから、高所得者よりも低所得者にとって負担が大きい。要するに現行制度では、若者から税金をとって裕福な高齢者を補助している。また、補助金を出すために高所得者より低所得者に重い税負担を強いている。さらにその補助金の財源を給与から源泉徴収している。これらのどこをとって、妥当と言えるのだろうか。

第二の再分配は、完全な独立採算では年金プログラムが立ち行かなくなる危険性がきわめて高いために行われている。大勢が加入して保険料を払い、もらう側が少なかった時期には、独立採算でやってゆけそうに見えたし、黒字になっているようにさえ見えた。だがこれは見かけだけであって、保険料を払っている人について将来の債務が膨らんでいく現実を無視していたのである。膨れ上がった債務を支払保険料だけでまかなえる見通しは低く、専門家は、純粋に保険収支を合わせるためだけにも補助金が必要だと指摘している。実際に他の国でも年金制度の運用に補助金が投入されているという。ただこの問題は高度に専門的であり、当然ながら意見の相違もあろう。ここではこれ以上立ち入ることはできないし、その必要もないと思われる。

当面の問題にとっては、仮に補助金が必要だとして、一般の納税者から徴収した税金による補助金は妥当かどうかを検討すれば十分である。私には、妥当とは考えられない。貧しい人々を助けたいとは思う。だが、ある年齢に達したというだけの理由で、富める人も貧しい人もすべて助けなければならない根拠は何か。これは、裁量的な再分配にほかならないのではあるまいか。

私が耳にした限りでは、老齢・遺族保険を使った再分配を正当化し得る論拠は一つしかない。しかしこれは、甚だしく倫理にもとる言い分である。曰く、老齢・遺族保険を使った再分配にはたしかに裁量的な面はあるが、それでも平均すれば高所得層よりは低所得層を助けている。この再分配をもっと効率よくやるべきではあるだろう。だが正面切って再分配を訴えても、有権者はウンと言うまい。社会保障の一環としてなら認めてくれるだろう……。要するに、有権者が反対する政策もすこしばかり見た目を変えればよい、すぐに惑わされて賛成してくれるというのである。だがこんなことを言う輩に限って、人を惑わすような広告をきっと誰よりも声高に非難するにちがいない*。

二　年金事業の国営化

いま仮に、個人が自分の年金は自分で払い込むようにし、再分配の問題がなくなるとしよう（蛇足ながら、死亡率と利子率に基づいて年金の現在価値を計算し、それをカバーできるだけの額が払込額となる）。この場合、政府からその年金を買うよう強制する根拠がどこにあるだろうか。再分配が目的なら政府の徴税権限に頼るしかない。だが再分配を年金プログラムで行うべきではなく、すでに述べたようにそうすべき理由も見当たらないとすれば、誰でも好きなところで年金プログラムに加入すればよいではないか。民間会社から買いたい人はそうすればよい。たとえばよく似た例に、強制加入の自動車賠償責任保険がある。加入を法律で義務づけている州でも、政府の保険に加入しなければならないということはないし、そもそも州立保険会社が存在する例を私は寡聞にして知らない。

規模の経済がありそうだということも、年金事業を国営化する理由にはならない。もし規模の経済が成り立つ場合、政府が年金商品を扱う事業を設立したら、規模のおかげで同業者より安く売ることができるだろう。その場合、政府から買うようことさら強制する必要はない。

もし同業者より価格を下げられない場合には、規模の経済が存在しないか、あるいは政府事業につきものの他の非効率をカバーするにはいたらないか、どちらかである。

国営化のメリットとして一つ考えられるのは、その方が強制加入を実施しやすいことである。だがこれは、さほど重要なメリットとは思われない。たとえば確定申告の際に年金保険料領収書の提出を義務づけるとか、従業員が年金に加入していることを雇用主に証明させるなど、簡単に代わりの手続きがとれるだろう。こうした手続き的な問題など、現行制度の問題点に比べればじつに些細なものだ。

国営化のコストが、こうしたとるに足らないメリットをはるかに上回るのはまずまちがいない。年金の場合も、他の経済活動同様、個人に選択の自由があり、民間企業が顧客の争奪戦を繰り広げれば、年金商品の内容は改善が進み、一人ひとりのニーズを満たせるような多様な

＊現に行われている同じような主張の例として、学校向け連邦補助金法案（「教育援助」という誤解を招く名称になっている）を巡るものを挙げておこう。学校に補助金を出す場合、所得水準の低い一部の州にのみ連邦予算を投じることには立派な理由がある。そうしないと、子供たちが他の州にこぞって転校してしまうかもしれないからだ。しかし、あらゆる州で税金を取り立て、あらゆる州に補助金を出す理由は見当たらない。にもかかわらず、議会で提案されるのは、すべての州を対象とする法案ばかりである。なぜか。法案の支持者の一部は、一部の州に補助金を出せば十分であることを認めながらも、こう言って弁解するのだ――一部の州にだけ補助金を出す提案をしても可決されない。貧しい州に多額の補助金を確保する唯一の方法は、全州に補助金を出す法案の中に潜り込ませることなのだ、と。

サービスが発展するだろう。また政治の面からみても、政府事業の拡大を防ぎ民業の圧迫を減らせるというメリットがある。

現行制度では、いま挙げた以外にも目立たない政治コストが発生している。それは、こうだ。年金というものは非常に専門的でややこしく、素人では判断がつかないことが多い。それを国営化するとなれば、大量の「専門家」を雇うか、大学の先生などの知恵を借りなければならない。するとどうしても、専門家や先生方は制度の拡大を支持するようになる。何も狭量な私利私欲からそうするのだと言うつもりはない。こういう人たちは政府の管理が当たり前の環境で仕事をしていて、それに慣れ親しんでいるので、政府事業の拡大に抵抗がないのである。これまでのアメリカで唯一の救いは、せめても年金を扱う民間保険会社が存在することだ。

年金業務があまりに専門的で、運営も専門家にほぼ一任されているため、社会保障庁のような政府機関を議会がきちんと監督するのはまずもって不可能になっている。こうした省庁が何か提案をすれば議会は鵜呑みにするしかなく、政治によるチェックは働かない。政府機関で働き出世しようという有能で野心的な人たちは当然ながら活動範囲の拡張に熱心で、彼らの意欲を阻止するのはなかなかにむずかしい。専門家がイエスと言ったことにノーと言える人はどれだけいるだろうか。かくて、社会保障制度に取り込まれる人々は増える一方となり、人口の中でますます大きな割合を占めるようになった。いまはもう拡大の余地がほとんど残っていないため、今度は医療など新たな分野に手を拡げる動きが出ている。

それでは結論を言おう。年金事業の国営化は、自由主義の原則からはもちろん、福祉国家論者の立場からしても、とうてい認められない。政府は市場よりうまくサービスを提供できると福祉国家論者が考えるなら、政府に民間と競争させて年金商品を販売させるべきだ。彼らが正しければ、政府の年金事業は十分に儲けを上げるだろう。まちがっていれば、民間の参入を許す方が国の福祉は向上することになる。私がこれまでにみた限りでは、年金事業の国営化論を唱えているのは、教条的な社会主義者でなければ、中央集権の信奉者である。

三　年金の強制加入

副次的な問題が二つ片付いたので、いよいよ肝心な問題にとりかかることにしよう――所得の一部を削って老後に備える年金を買うよう強制するのは、是か非か。

強制を正当化する理由として一つ考えられるのは、例の温情主義である。いまは法律で全員加入が義務づけられているが、任意加入に決めたければそうできたはずだ。だが国民は放っておくと得てして近視眼的で先のことを考えない。誰でもある程度は老後に備えようとするだろうが、もっと周到に準備する方が身のためだと政府はよく知っている。政府として一人ひとりを説得して回るのは不可能だが、何と言っても国民のためになることなのだから、過半数を説得して全員に強制しよう……。断っておくが、これは、れっきとした大人のための配慮である。だから、自分で責任のとれない狂人や子供のための温情的配慮だという正当化はできない。

この言い分はそれとして完結しており、論理的な破綻はない。したがって筋金入りの温情主義者がこう言い出したら、論理の誤りをついて意見を変えさせるのは不可能である。このような主張をする人は、すこしばかり勘違いをした善意の友ではなく、共に天を戴かざる敵である。なぜ敵なのかと言えば、独裁主義に与しているからだ。たとえ慈悲深く、多数決を重んじるとしても、彼らは根本的には独裁主義者である。

自由を信奉するなら、過ちを犯す自由も認めなければならない。刹那的な生き方を確信犯的に選んで今日の楽しみのために気前よく使い果たし、貧しい老後をわざわざ選択する人がいたら、どんな権利でもってそれをやめさせることができようか。この人を説得し、その生き方はけしからぬと説教するのはよかろう。だが、人が自ら選んだことを強制的にやめさせる権利はどこにもない。あちらが正しくてこちらがまちがっている可能性はゼロではないのだ。自由主義者は謙虚を身上とする。傲慢は温情主義者にゆずろう。

もっとも、徹底的な温情主義者というのは、そうそういるものではない。頭を冷やして考えれば、温情主義を貫くのは得にならないからだ。ところが、社会福祉や社会保障に関してはこの手の主張がずいぶん幅を利かせていることは、とくに指摘しておきたい。

自由主義の原則から年金の強制加入を正当化し得る唯一可能な論拠は、将来の備えを怠る人は自らの行動の結果を引き受けずに他人に負担を強いるというものである。まさか困窮した老人を見過ごしにもできまい。したがって身銭を切って、あるいは公的資金を投じて、救いの手を差し伸べることになる。よって、自分の老後に備えなかった人は社会の負担になる。だから年金に強制加入させるのは、本人のためではなく他の大勢のために必要だ、というわけだ。

この議論の重みは、事実如何によって変わってくる。強制加入の年金がない場合、六五歳人口の九〇%が社会の負担になるのだとすれば、この議論には説得力がある。だがもし一%しかそうならないとすれば、説得力はない。一%のコストを防ぐために、なぜ九九%の自由を制限しなければならないのか。

年金に強制加入させておかないと人口のかなりの割合が社会の負担になるという議論がもっともだと受け取られたのは、老齢・遺族年金制度が発足した当時が大恐慌だったためである。一九三一年から四〇年までの間、どの年も労働人口の七分の一が失業しており、しかも失業率は高齢者の方が高かった。これは先例のない事態であり、その後こうした事態は発生していない。当時そうなってしまったのは、あの頃の人々が刹那的に暮らし老後に備えなかったためではけっしてない。すでにみたように、大恐慌の原因は、政府が政策判断を誤ったことにある。そこで対症療法として年金制度が導入された。しかし老齢・遺族年金は、たとえ治療効果があるとしても、非常に特殊な病に対するものである。しかもその病気に、現世代は一度もかかったことがない。

一九三〇年代の失業の蔓延ではたしかに大勢の人が社会の負担になり、貧困の救済が急務となった。だが、高齢者がとくに重大な問題を抱えていたわけではない。生産年齢にある多くの人が生活保護や補助の対象になっていることの方が、よほど重大だった。こうした中で老齢・遺族年金制度が導入され、今日までに一六〇〇万人以上の人が年金を受け取っている。しかし生活保護や公的補助を受ける人の数は一向に減っていない。

老後についての人々の備えも、時代とともに大きく変わってきた。かつては子供が頼りという時期もあったが、社会が豊かになるにつれ、家族のあり方はずいぶん変わってきている。子供が親の面倒を見なければならないという観念は薄れてきて、多くの人は蓄財をするなり個人年金保険を買うなりして自分で老後に備えるようになった。最近では、政府の年金プログラムに上乗せする民間の保険が急速に発達している。一部の研究者によれば、いまの傾向がこのまま続けば、老後になってから働き盛りの頃より贅沢に暮らすために、働いている間は質素に切り詰めて暮らす社会が出現するだろうという。おかしな傾向だと思う人がいるかもしれないが、それが時代の風潮なら、とやかく言うことではない。

以上のように年金の強制加入は、コストばかり大きく、得るところがほとんどない制度である。強制加入制度のために、国民全員が所得のかなりの割合について自由に使う権利を奪われ、退職年金の購入という特定目的、それも政府から買うという特定のやり方に従うことを要求されている。年金商品の販売では競争が禁じられ、さまざまな選択肢の発展が妨げられてきた。そして年金を扱う巨大な官僚組織を生み出し、この組織は自己増殖的に拡大し、国民の生活のさまざまな面へと触手を伸ばす兆しを示している。それもこれも、ごくわずかな人々が社会の負担になるかもしれない危険性を避けるためなのだ。

第12章

貧困対策

Alleviation

CHAPTER 12 The

of Poverty

過去二世紀の間に欧米各国は途方もない経済成長を遂げ、企業の自由競争による利益が広く分配された。おかげで絶対的な貧困と言えるようなものは劇的に減っている。だが貧富とはある意味で相対的な問題である。したがって富める国であっても、傍から見れば貧困と言わざるを得ない状況で生活している人はきわめて多い。

いろいろな意味で最も望ましい貧困対策は、慈善活動である。自由放任華やかなりし一九世紀後半の英米両国で、民間の慈善団体や制度が飛躍的に充実したのは注目に値する。いまでは政府の福祉事業が拡大し、民間の慈善活動は縮小している。これは、政府事業の拡大に伴う大きな代償の一つと言えよう。

ただし、寄付行為がもたらす恩恵は他の人の上にもおよぶから民間の慈善活動では十分ではない、という議論は成り立つ。おなじみの外部効果である。たとえば私は困窮した人が物乞いをする様子を目にしたくないので、事情が改善されれば恩恵を受ける。このとき、自分が寄付しても他人が寄付しても受ける恩恵に変わりはない。つまり他人の慈善行為の恩恵を私も受けることになる。となると、貧困救済に寄付をするのはやぶさかではないが、自分一人だけではいやだ、みんながするなら喜んで寄付しよう、ということになるだろう。もしかすると、同額を寄付するという保証がない限り寄付しないかもしれない。小さな共同社会なら隣近所の無言の圧力があるから、全員が寄付するという保証も得られるだろうけれども、現代にありがちな顔の見えない共同社会では、そうしたことはあまり期待できない。

以上の理由から、貧困を減らす対策に政府が関与することは妥当と言える。具体的にはすべての国民の生活水準に下限を設ける政策であり、これを大多数の人が受け入れるとしよう。あとは、貧困救済に「いくら」「どうやって」出すかを決めればよい。「いくら」の方は、たとえば貧困対策税のような特別目的税を設け、国民（正確には国民の過半数）が払ってもいいと思う税率を決めればよかろう。ここでは「どうやって」の方を検討しよう。

貧困をどうやって救済するかについて、二つの点をはっきりさせておきたい。第一に、貧困を減らそうというなら、それだけを目的としたプログラムを用意すべきである。貧しい人はたまたま農民かもしれない。だが、農民だからではなく貧しいから助けるのだ。特定の職業、年齢層、賃金層、労働団体、産業に所属する人を助けるのではなく、あくまで貧しい人を助けるようなプログラムを設計すべきである。この点からみると、現在の農業プログラム、老齢年金制度、最低賃金法、労働組合に有利な法律、関税、技術職・専門職の免許制度等などはどれも失格である。第二に市場を通じてプログラムを運用する場合でも、市場を歪めたり市場機能を妨げたりしてはならない。この点で、価格支持制度、最低賃金法、関税なども落第である。

機械的に運用できるという点で最も望ましいのは、負の所得税である。現在、連邦所得税は納税者一人当たり六〇〇ドルの基礎控除(および一〇%の一律控除)がある。所得が基礎控除を一〇〇ドル上回る場合、すなわち課税対象所得が一〇〇ドルの場合には、言うまでもなくこの分の所得税を払わなければならない。一方、所得が基礎控除を一〇〇ドル下回る場合、すなわち課税対象所得がマイナス一〇〇ドルの場合には、負の所得税を払う。負の所得税を払うとは、補助金を受け取ることである。負の所得税率が五〇%の場合には、五〇ドルを受け取る。全然所得がない場合で、他の控除が一切なく所得税率は一律だとすれば、基礎控除を六〇〇ドル下回るので、三〇〇ドル受け取ることになる。もしも控除対象になる医療費がかさみ、これを差し引くと基礎控除前の段階ですでに所得がマイナスになる場合などには、三〇〇ドル以上を受け取る可能性もある。負の所得税率は、正の所得税率と同じく、累進制にしてもよい。以上のような仕組みにすれば、どんな場合でも、所得（ここでは当然ながら受け取った補助金を含む）がこれ以下にはならないという最低基準を設定することができる。この単純な例では、最低所得は三〇〇ドルとなる。最低所得水準がいくらになるかは、社会がどの程度補助金を出せるかによって違ってくる。

この方法には明らかなメリットがある。第一に、貧困の救済のみを目的としている。第二に、誰にとってもいちばん使い勝手のいい形、すなわち現金で補助する。第三に、汎用的である。したがって、いまは特定集団を対象に行われているさまざまな政策をこれ一本に置き換えることができる。第四に、社会が負担するコストがはっきりする。第五に、市場の外で機能するので市場を歪ませることはない。第六に、他の貧困救済策同様貧しい人々の自助努力をいくらかは削ぐものの、このやり方の場合、完全に失わせることはない。最低所得に届くまで所得を補うだけの仕組みだからだ。稼げば稼いだ分だけ支出に回すことができる。

行政手続き上の問題はあれこれあるだろうけれども、デメリットとしては大したことはないと考えている。この方式なら現行の所得税と一体的に運用できるだろう。また、現行制度は所得がある人全員をカバーするまでにはいたっていないが、負の所得税の導入で全員をカバーすることになる。これは、制度改善につながる思わぬ副産物と言えるだろう。さらに、貧困対策と称して現在運用されている種々雑多なプログラムをすべて廃止しこの方式に一本化すれば、煩雑な行政事務が大幅に簡素化されるのは確実である。

この方式で政府の介入が大幅に減ることは言うまでもないが、さらに以下のような簡単な計算をしてみるだけで、現行方式よりコストもずっと少なくて済むことがわかる。逆に言えば、貧困対策と称する現在の政策がいかに税金の無駄遣いであるかということがおわかりいただけるだろう。

一九六一年に連邦から州・市にいたる政府が福祉給付として直接支払った金額と、ありとあらゆる政府プログラム（老齢年金、社会保障給付、扶養家族手当、各種補助金、農産物価格支持制度、公営住宅等々）に投じられた予算を合計すると、およそ三三〇億ドルに達する。* なおこの数字に

＊この数字は、政府の移転支出（三一一億ドル）から退役軍人の恩給（四八億ドル）を差し引き、農業プログラムへの連邦支出（五五億ドル）および公営住宅その他の住宅援助に関する連邦支出（五億ドル）を加算したうえで、雑支出（七億ドル）を加えた。これは数字を一〇億ドル台に切り上げるためだが、連邦プログラムの管理費、州・地方プログラムの見落としや雑項目をカバーしている。私は、この数字は実際より相当小さいと推測している。

は、退役軍人の恩給は含まれていない。また、最低賃金法、関税、職業免許制度などに要する直接間接の費用、公衆衛生事業のコストや州立・市立病院・精神療養所の予算も除外してある。

さて、一九六一年のアメリカの世帯数は単身・家族合わせて五七〇〇万だった。先ほど挙げた三三〇億ドルの社会保障予算を、年間世帯所得でみて全世帯の下から一〇％に払ったとしたら、給付額は世帯当たり六〇〇〇ドルとなる。これだけの給付をもらうと、この最低所得層の所得はアメリカの全世帯の平均を上回ってしまう。給付対象を下から二〇％まで拡げたとしても、給付額は世帯当たり三〇〇〇ドルだ。「全世帯の三分の一は衣食住劣悪層である」というニューディール政策論者の口癖に敬意を表してこの劣悪層に属する全世帯に払っても、世帯当たり二〇〇〇ドルにはなる。だが物価調整後の数字で言えば、三〇年代半ばには所得の下位三分の一が二〇〇〇ドル以下で暮らしていたのだ。六一年でも、下位八分の一が二〇〇〇ドル以下で暮らしている。

これはどう考えても、「貧困の救済」にしては贅沢にすぎると言えよう。下から二〇％の層の所得を補い、残り八〇％の最低所得まで引き上げるプログラムなら、現在の社会保障予算の半分で済むはずだ。

ただし負の所得税方式には、政治面で大きな欠点があることは書き添えておかねばならない。負の所得税は紛れもなく誰かから取り立てて別の誰かに与えるシステムである。となると、「別の誰か」の方がまずまちがいなく決定権を握ることになるだろう。すなわち恩恵を被り関心も高い彼らが議会で多数派になり、自分たちの利益のために、渋る少数派に税金を強要することになりかねない。これでは、大多数の市民が進んで税金を払い少数の貧しい人々を助けるという本来のあり方とは逆である。貧困対策税は仕組みがわかりやすいだけに、こうなる危険性は高い。この問題を解決するには、一方の自制と他方の善意に期待するしかないように思われる。

イギリスでは一九一四年に、老齢年金を巡って同じような問題が起きている。このとき、ダイシーは次のような問いを発した。「年金の形で救貧手当を受け取っても国会議員の選挙権を維持できるような法律を制定することは、果たして国にとって何か益があるのだろうか。聡明で慈悲深い人は、この点をよく考えてみる必要があるだろう*」。

ダイシーの問いに対してイギリスが下した判断は、正しかったとも言えるしまちがってい

＊A.V. Dicey, *Law and Public Opinion in England*, (2nd ed., London: Macmillan, 1914), p.xxxv.

たとも言える。イギリスは普通選挙への道を歩み、その際に、年金など国からの援助を受ける人であっても選挙権は制限されなかった。このため、一部の人に与える目的で他の一部の人に課される税金が途方もなく増えた。これでイギリスの経済成長が遅れたことは確実と考えてよいから、結果的には援助を受け取る側も損をした可能性がある。だがそれでも、少なくともいまのところは、自由と資本主義を基本とするイギリスの制度は損なわれていない。そして最近になっていくらか事情が変わり、有権者が（援助の要求を）自制するという好ましい傾向も現れてきた。

自由主義と平等主義

自由主義思想の根本にあるのは、個人の尊重である。自由主義では、各自が自分の考えに従ってその能力と機会を最大限に生かす自由を尊重し、このとき、他人が同じことをする自由を阻害しないことだけを条件とする。このことは、ある点では平等を、ある点では不平等を支持することを意味する。人は等しく自由権を持っている。この権利がきわめて重要な基本的権利なのは、人間が一人ひとりみな違うからであり、自分の自由でもって人と違うことをしようとするからだ。そして人と違うことをする過程で、大勢が暮らす社会のあり方に、一層多くの貢献をする可能性がある。

だから自由主義者は、権利の平等・機会の平等と、物質的平等・結果の平等との間に厳然と一線を引く。自由な社会が他の社会より多くの物質的平等をもたらすのはよろこばしいことではあるが、自由主義者にとってそれはあくまで自由社会の副産物であって、自由主義を正当化するものではない。自由と平等を促進するような政策、たとえば独占を排除して市場機能を強化するような政策こそ、自由主義者にとって好もしい。不運な人々を助けるための慈善活動は、自由の生かし方として自由主義者にとって望ましい。貧困をなくすための政府の事業も、多くの市民にとっての共通目標を達成する効率的な手段として、自由主義者は是認するだろう――ただし、自発的な行動ではなく政府による強制に委ねることを残念に思いながら。

ここまでは、平等主義者も同じであろう。だが、平等主義者はさらに一歩を踏み出そうとする。彼らが「誰かから取り上げて別の誰かにあげる」ことを認めるのは、目標を達成するための効率的な手段だからではなく、「正義」だからなのだ。この点に立ち至ったとき、平等は自由と真っ向から対立する。ここでは平等か自由のどちらかしか選べない。この意味で、平等主義者であると同時に自由主義者であることはできないのである。

第13章

結論

clusion

CHAPTER 13 Conc

一九二〇年代、三〇年代にアメリカの知識人の圧倒的多数は、資本主義には欠陥があると考えるようになっていた。資本主義は人を幸福にしない。ひいては自由を妨げる。だから将来は、政治がもっと積極的に経済をコントロールすることに希望を託すしかないという。こうした変節は、ロシアで共産主義体制が確立され大いに希望が膨らみつつあったことと無関係ではないものの、実際の成功例に裏付けられていたわけではない。知識人がこぞって改宗したのは、不正がはびこり欠点ばかり目につく資本主義社会の現状と、希望的観測を込めた共産主義社会の姿とを比べたからだ。現実と理想を比較したのである。

もっとも当時は、そうするしかなかったとも言える。過去に中央集権の時代や国家が経済にうるさく干渉した時代の苦い経験はあった。だが政治、科学、技術それぞれの分野で革命的変化が起き、それによって民主主義、近代科学、最新技術がもたらされている。こうした武器をもってすれば、かつてよりはるかにうまく経済をコントロールできると主張された。

当時のこうした考え方は、いまも根強く残っている。政府の介入をありがたがり、悪いことはすべて市場のせいにする。そして新たな政府事業が提案されると、「私利私欲にとらわれず特別利益団体の圧力にも負けない有能な人間によって運営される」ことを疑わず、それを前提に検討するのだ。こうしたわけで、小さな政府と自由企業の支持者は、いまだに守勢に立たされている。

とは言え、状況は変わってきた。いまでは数十年におよぶ政府介入の「実績」があるので、もう現実の市場と理想の政府介入とを比べる必要はない。現実と現実を比較することができる。

そうやって比較してみると、どうだろう。市場の現実と目標との差は、たしかに大きいけれども、政府介入の現実と目標との差に比べれば、何ほどのこともないことがわかる。ロシアを支配する圧政と独裁をみて、個人の自由と尊厳へ向けた前進を期待できる人がいるだろうか。『共産党宣言』の有名な一節に、マルクスとエンゲルスはこう書いた――「プロレタリアが失うのは鎖だけである。勝ちとるのは全世界である」。だが、いまロシアのプロレタリアの鎖が西側の国より弱くなっていると、誰が思うだろう。

今度は国内に目を向けてみよう。過去数十年の間に実施された大改革の中で、当初の目標を達成できたものがあるだろうか。改革論者のよき意図は実現されたのだろうか。

第一に、鉄道の規制。消費者を守るはずだったこの規制は、あっという間にトラックなど新たな参入者から鉄道を守る規制にすり替わってしまった——もちろん犠牲になったのは消費者である。

第二に、所得税。当初は税率も低かったこの税金は、のちに低所得層のために所得を再分配する手段として使われるようになった。この税金は一皮めくれば抜け穴や特別控除だらけであり、名目上は高い累進制もほとんど実効性を持たなくなっている。二三・五％の一律課税を導入すれば、二〇〜九一％の累進課税になっている現行制度と同じだけの税収を確保できるはずだ。また、不平等をなくし富の分散を図るはずだった法人所得税は、実際には企業収益の再投資を促し、大企業の一層の発展を助け、資本市場の機能を妨げ、新規企業の設立を阻んでいる。

第三に、金融制度改革。経済活動と物価の安定をめざしたこの改革は、第一次世界大戦中と戦後のインフレを悪化させ、その後の経済情勢をかつてないほどまでに混乱させた。この改革で制定された連邦準備制度こそ、大幅な景気収縮程度で済んでいたはずのものを一九二九〜三三年の悲劇的な大恐慌に変えた元凶である。銀行恐慌を防ぐための制度だったが、結果的にアメリカ史上最悪の銀行恐慌を招いた。

第四に、農業プログラム。貧しい農家を助け、農業につきものとされる変動性を解決するためのプログラムだったが、いまや国の恥と言うしかないものに成り下がっている。公的資金を垂れ流し、資源の活用に歪みを生じさせ、農家に対する締め付けは一段と厳しく、かつ微に入り細にわたるようになった。さらに外交政策にまで重大な悪影響をおよぼし、しかも肝心の貧しい農家は一向に救われていない。

第五に、公営住宅プログラム。貧困層の住宅事情を改善し、若年犯罪を減らし、スラム街の撤去をめざした事業だが、実際には貧困層の住宅事情を悪化させ、若年犯罪の増加を招き、都市の病巣を拡大しただけだった。

第六に、労働組合。一九三〇年代には、知識層にとって「労働者」と「労働組合」は同義語であり、清く正しい労働組合をあたかも家族のように信頼した。そして組合を優遇し「公正」な労使関係を促進するための法律が広く施行され、労働組合は次第に強力な組織になっていった。すると五〇年代になる頃には、組合はもはや忌み嫌われる存在に堕してしまう。労働組合はもはや労働者と同義語ではなく、正義の味方だと考える人もいなくなった。

第七に、社会保障政策。一連の政策は困窮した人々への直接的な救済措置を不要にする目的で立案され、援助を受けることは権利と位置づけられた。そしていまでは数百万の人々が社会保障給付を受け取っている。だが生活保護の受給者数は増える一方だし、救済措置も拡大の一途をたどっている。

まだある。一九三〇年代の銀買い上げ法、公営発電事業、戦後の対外援助、連邦通信委員会、都市開発計画、備蓄計画……。ほかにもあるが、どれもこれも、当初の意図とは全然違う結果、それもだいたいは正反対の結果を招いてきた。

もちろん例外もある。国中に整備された高速道路、大型河川に建設されたダム、軌道に打ち上げられた無数の人工衛星などはどれも、莫大な資源を動かせる政府の力がなければ実現しなかった。学校制度も、そうだ。問題点はいろいろあり、市場の力の有効活用を通じた改善の余地は大きいけれども、アメリカの若者に機会の扉を大きく開き、自由の拡大に貢献したことはまちがいない。学校制度は、地域の学校協議会で尽くしてきた大勢の人の公共精神や、公共の目的に適うと認めたことについて重い税負担を引き受けてきた市民の意思の賜物と言えよう。反トラスト法も、競争の促進に貢献してきた。運用上の問題は多々抱えながらも、法律の存在自体に価値がある。また公衆衛生政策は伝染病の減少に、さまざまな補助政策は困窮の軽減に寄与した。地方自治体は市民生活の維持に欠かせないインフラを提供しているし、法と秩序は守られている。もっとも多くの大都市では、この基本的な政府の役割でさえ満足に果たされているとは言い難い――これはシカゴ市民である私の率直な感想である。

以上の収支決算をしてみると、大赤字であることは火を見るより明らかだ。ここ数十年間に政府が乗り出した新事業の大半は、ことごとく目標達成に失敗している。なるほどアメリカは進歩を続けてきた。衣食住は改善され、交通も便利になった。階級や社会的な格差は減ってきたし、少数民族が不利な扱いを受けることも少なくなってきた。また大衆文化が爆発的発展を遂げた。しかしこれらはすべて、自由市場を通じて展開された個人の創意工夫や意欲の果実であって、政府の施策はすこしも貢献しておらず、ただ邪魔しただけである。その邪魔を乗り越えられたのは、市場には新しいものを生み出す途方もない力が備わっているからだ。見えざる手が進歩をもたらす力は、見える手が退歩をもたらす力に勝ったのである。

ここ数十年ほどの政府の改革がかくも不首尾に終わり、輝かしい希望が灰燼と化したのは、偶然なのだろうか。計画そのものが悪かったのではなくて、やり方がどこかまちがっていただけなのだろうか。

そうではないと私は思う。政府の施策が持つ重大な欠陥は、公共の利益と称するものを追求するために、市民の直接的な利益に反するような行動を各人に強いることだ。利害の衝突や利害を巡る意見対立が起きたようなときにも、衝突の原因を取り除いたり対立する相手を説得するといったことはせずに、相手に利益に反することを強制しようとする。政策が依って立つ価値観は、当事者の価値観ではなくて、第三者の価値観なのだ。だから「これこれが諸君のためになる」と押し付けたり、「誰かから取り上げて別の誰かにあげる」ようなことになる。しかしこのような政策は、反撃を食う。人類が持っている最も強力で創造的な力の一つ、すなわち何百何千万の人々が自己の利益を追求する力、自己の価値観にしたがって生きようとする力の反撃に遭うのである。政府の施策がこうもたびたび正反対の結果を招く最大の原因は、ここにある。この力こそは自由社会が持つ大きな強みの一つであり、政府がいくら規制しようとしてもけっして抑えることはできない。

いま私は利益という言葉を使ったが、これは何も狭量な私利を意味するのではない。その人にとっての尊い価値、財産や命を投げ出しても守りたい価値すべてをこの言葉は意味している。ヒトラーに抵抗して大勢のドイツ人が命を失ったのも、そうした気高い利益を追求した結果である。莫大な労力と時間を慈善事業や教育活動や宗教活動に注ぐ人々も、そうだ。こうした利益を何よりも大切にする人は、たしかにごく少数であろう。が、それを存分に追求することを認め、大多数の人の心を占める狭い物質的な利益に屈服させないことこそが、自由社会の良さなのである。だから資本主義社会は、共産主義的な社会ほど物質至上主義に陥らない。

さて、政府事業の実績がこれほどお粗末であるにもかかわらず、政府の新しい計画に反対したり、肥大した政府の役割を減らそうとするとき、反対者の側に挙証責任が押し付けられるのはどうしたわけだろうか。この質問にはダイシーに答えてもらおう。「国家の介入、とくに法の形をとった介入は、じかにすぐさま効く。言わば、目に見える。これに対して副作用の方はすぐには表れず、また思わぬところで思わぬ形で出てくる。つまり、見えにくい。それにまたたいていの人は、政府高官が無能で不注意でときには買収供応に応じかねないことをわきまえていないし、国の助けは自助努力を駆逐するという明らかな事実に気づいている人もほとんどいない。したがって大多数の人が政府の介入を必要以上に歓迎するのはまず避けられない。個人の自由ひいては自由放任に対する強い信念、あるいは偏愛とも言うべきものが社会に存在しない限り、必然的にそうなる。こうした状況では、自助努力を信用できなくなるだけで、社会主義的性格を帯びた法案が増える。しかも現に、自助努力に対する信頼は薄れかかっている[*]」。

自由を守り拡げようとする試みは、今日二つの方向から脅かされている。脅威の一つの所在ははっきりしている。アメリカを葬ろうとするクレムリンの連中だ。しかしもう一つの脅威はとらえどころがない。これは、内からの脅威である。主犯格は、国民によりよい社会をもたらそうというよき意図を持った善意の人々だ。あいにくこの人たちは短気で、説得し手本を示すだけでは理想とする社会改革が遅々として進まないことに我慢できない。目的を達成するために国家権力を使いたがり、その能力が自分たちにはあると自信を持っている。だがその権力を掌中に収めたとしても、目的は達成できまい。そればかりか、必ずや全体主義的あるいは独裁的な国家への第一歩を踏み出すことになる。当の善意の人々はこれを忌み嫌うであろうし、自身がその最初の犠牲者になるだろう。善意では、権力の集中を無毒にすることはできないのである。

まことにありがたくないことだが、この二つの脅威は互いに強め合う。核戦争の心配はないとしても、ロシアからの脅威があるとなれば、やはりアメリカは資源の相当程度を国防に向

＊A.V. Dicey, *Law and Public Opinion in England,* (2nd ed., London: Macmillan, 1914), pp.257-8 からの部分的抜粋。

げざるを得ない。政府は国内生産のかなりの割合を買い上げ、相当数の企業や産業に関しては唯一の買い手ですらある。このように政府が重要な役割を果たすようになった結果、すでに政権には危険なまでの経済支配力が集中し、民間企業の事業環境に影響をおよぼし、事業の成功にかかわるような基準や規格を次から次へと定め、他にもさまざまな手段を使って自由市場を脅かしている。この危険な事態は、私たちにはどうすることもできない。しかしいま私たちは、国防とは無関係の分野でも野放図に広がった政府介入の継続を認め、あまつさえ高齢者向け医療から月面着陸にいたるまで政府の新規事業を次々に受け入れている。これは、危険を無用に高める行為にほかならない。

かつてアダム・スミスは「国民の中には破滅の原因が数多く内在する」と言った。だが私たちの基本的価値観の枠組みや自由主義の原則に適う制度をもってすれば、数多くの原因にもきっと打ち勝てるにちがいない。軍事計画がいかに大規模であろうと、経済への影響力がすでにどれほど政府に握られていようと、自由を守り自由の範囲を広げることは不可能ではないと私は信じる。だがそのためにはまず、直面する脅威に目覚めなければならない。そして、自由主義に則った制度であれば、国家の強制に比べてたとえ速度は遅くとも、確実に各自の目標を実現できるのだと仲間を説得しなければならない。これが、自由を拡大する唯一の道である。

知識層にほのみえる変化の兆しに私は勇気づけられている。

解説

フリードマンのすごさ

東洋大学教授　**高橋洋一**

本書を読んでいて一九六二年に出版された本であることを忘れしまい、今の経済問題を論じているかのような錯覚に陥った。経済学者は、しばしば、ある命題について「長期的に」成り立つという言い方をする。厳密にいえば、この言い方の「長期的」というのは時間の長さを表すものでなく、もろもろの調整がすんだ後という意味であるが、一般的には、一〇年とかそれ以上なのだろう。

四五年も前の本なのに、しかも実際には五〇年前の講義に基づいているというではないか。まさしく、本書は「長期的に」成り立つ本である。そして、時代は明らかにフリードマンの考えるように個人の自由が重要な時代になってきている。ちなみに経済学教科書で有名なハーバード大学のマンキュー教授は、テキスト以外で推薦する一冊といえば、本書であるという。

まず、第二章の末尾に書かれている政府が行うべきでない一四のリストでみてみよう。

①農産物の買取保証価格制度
②輸入関税・輸出制限
③産出規制
④家賃統制
⑤最低賃金・法定金利
⑥産業規制・銀行規制
⑦ラジオ・テレビ規制
⑧社会保障制度
⑨特定事業・職業の免許制度
⑩住宅政策
⑪徴兵制
⑫国立公園

⑬郵便
⑭有料道路
この中で完全に廃止された項目は、⑪徴兵制ぐらいであるが、その他のものについても、五〇年前と比べて、格段に規制の程度は少なくなっている。たとえば、②輸入関税はかなり低くなっており、⑥銀行規制も今では緩やかで、⑤預金金利も自由化されている。むしろ、最近の日本のほうが、本家アメリカよりも先に行っているという感じがする。小泉政権になってから、⑬郵便と⑭有料道路について、郵政民営化と道路公団民営化が行われている。

このリストにはないが、本書第3章、第4章及び第5章で書かれている金融・財政政策のルール化や為替市場の変動相場制の提案は、先進国でかなりフリードマンの提案の趣旨を生かして現実の政策に採用されている。この点、ミクロ政策で国内の個別の既得権による抵抗の強い一四のリストよりも、マクロ経済でのフリードマン提案は開放体系の一国全体の経済パフォーマンスに影響してくるので、採用せざるをえなくなったのかもしれない。この点もフリードマンの先見性を表している。

私はこの本を三〇年前くらいに読んだことがある。実はもともと理系で数学専攻であったので、経済学は数学科卒業の後に独学した。読んだ教科書は、サミュエルソンの『経済学』とヘンダーソン、クォントの『現代経済学』だけである。後者は、数学のテキストみたいで簡単に読めたが、前者は初めて読む経済学の本でもあり、まだ経済学的な思考になじめなかったために、ちょっと手こずった記憶がある。そのとき、たまたま本書も読んだ。なぜか、本書はすっきり頭に入った気がした。

本書は、自由をきっちり定義することから始まる。リベラルという言葉は、政府の役割を重視する進歩人が使いだし、本来の自由の意味を曲げているという。国は、本来の個人の自由を守るための仕組みである。そして、政治的自由と経済的自由は密接に関係があって、競争資本主義がそれらを実現させる。政府は、審判で個人の自由を守ることに徹すればよく、プレーヤーになってはいけない。もし経済介入するのが正当化されても、政府は裁量ではなくルールに従うようにすべきだ。どこまで個人が自由を求めるかは、各人それぞれだろう。だから、自由の追求度においては、フリードマンに異論がある人もいるだろう。しかし、個人の自由をフリードマンの言う通りに受け入れれば、数式はなかったが、本当にロジカルな展開であり、結論は容易に理解できた。数学で公理——単なる前提・条件から論理展開して定理を導くことには慣れていたが、まさか社会科学で、個人の自由を公理のように扱い、あとは論理展開で結論を導くとは思っていなかった。そして、資本主義と自由が密接に関連しているので、本書の題名『資本主義と自由』がおぼろげながら理解できた。

その後、すこし経ってから、本書とサミュエルソンの『経済学』とで、何が違うかを考えてみた。それは政府に対する信頼である。本書では、政府はできるだけ仕事をやらないほうがいいとしているのに対し、サミュエルソンの『経済学』は、かなり政府を信頼して広範な仕事をすることを期待している。本書では、政府が大きすぎると民間経済が押し出されて、結局、経済全体のパフォーマンスが悪くなるという例が、これでもかこれでもかと出てきて、政府は市場経済の厄介ものになることが多いという。サミュエルソンの『経済学』では、政府はそこまで悪者ではなく、政府は市場経済の補完をする頼もしい存在である。

当時、私はシステム制御工学を勉強していた。それで本書とサミュエルソンの『経済学』を比較してみた。本書の立場は、システムを制御するためにセンサーを設けるとセンサー自体がシステムを不安定にしてしまうため、制御せずにシステムの全体設計を考えようとしている。これに対して、サミュエルソンの『経済学』は、システム制御は容易であり、それでシステムが安定的に運営できるようになると考えている。

新聞を読んでも政策当局からの発表がほとんどであり、その意味ではサミュエルソンの『経済学』のほうが実態に合っているように私自身も思っていた。「この政策は、それぞれの目的があるので実施した」と新聞などによく書かれている。多くの人が信じている「通説」である。ところが、なぜか本書のほうの理解が簡単であった。その理由は、本書がきわめてロジカルに書かれているからだ。通説に対抗する以上、よりロジカルな説明が求められるのだろう。本書は、具体的な事例とともに、なぜそうなのかという説明が簡潔に書いている。

フリードマンは、異端といわれているが、その頭の回転の速さから、議論には決して負けなかったという有名なエピソードがある。同業の経済学者からみれば、論争に強い相手はできればいないほうがいいだろう。フリードマンの評判は、その業績に比べて決して高いとはいえないが、フリードマンに論争で負かされた経済学者が裏でフリードマンの悪口を言ったからだろという人もいる。だが、そのような厳しい論争に耐えた論法（ロジックが明快で、数字の根拠がある）は、本書でいかんなく発揮されており、論理的思考にはきわめて有用な書物にもなっている。

私の仕事でも、この論法（私は勝手に「フリードマン論法」と言っているが）を大いに使わせてもらった。実は、二〇〇一年四月の小泉政権発足後、七月にアメリカから帰国して以来、竹中平蔵経済財政相（当時）との昔からの誼《よしみ》もあって、構造改革の実務に携わっていた。構造改革は、さまざまな分野をカバーしていたが、私は郵政民営化・政策金融改革・特殊法人改革などを担当して、様々な実態や書物から民営化を学んだ。問題は、民営化のロジックだった。大半の書物では、民営化は当然のものとして書かれており、市場経済のほうが資源配分は最適になるという点を引用しているだけだった。その上で、諸外国の例を出して、だから日本でも民営化が必要であると主張していた。ところが、フリードマンは、国営には害悪があると本書で主張していた。私は、そのロジックを拝借した。

経済学であれば、「民営化はいい、それで終わり」でいい。というのは、経済学の世界では、そもそも市場とは民間経済で作ることが前提であって、その市場に「失敗」があれば、それを政府が是正するという立場だ。だから、まず民間が原則なのであって、国営を主張するためには、主張する側が「市場の失敗」という挙証責任を負っている。つまり、民営化は説明すべきものでないのだ。ところが、実際には、国営という現状を変えるのであるから、民営化を主張する方が「なぜ民営化するのか」を説明しなければいけない。どちらが挙証責任をもつのかというのは、実際に物事を行う上では、決定的に重要だ。一般論として言えば、どのような現状にも一定の理屈があるので、挙証責任をもつほうが圧倒的に苦しくなる。

実際、私が担当した郵政民営化でも、「なぜ民営化すべきなのか」と説明を求められて、かなり苦労した。郵政民営化の理由は、拙著『財投改革の経済学』（東洋経済新報社）に詳しいが、一口でいえば、一九九〇年代後半の財政投融資改革によって郵便貯金はいずれ行き詰まり、それを避けるために民営化は不可避だ、というものだ。財投改革前、郵便貯金は資金運用部から〇・二パーセントの金利上積みという「ミルク」を補給してもらっていた。この「ミルク」が財投改革でなくなったため、国債を買うだけでは郵貯が赤字になることが避けられなくなった。ただ、この郵貯じり貧論はたとえ事実であっても、郵政反対論者は容認しなかった。当初、我々は「民営化すればこうしたメリットがある」と説明していた。正直言えば、この論法は迫力がなかった。「そんなメリットはいらない、国営のままでいい。国営のままで迷惑がないならいいだろう」と反論されると、我々は弱かった。

そこで、私がフリードマンから学んだ「国営には害悪がある」というロジックを使った。郵政の場合、そのまま国営で放置しておけば破綻するし、具体的なシミュレーション結果から、民営化しないと、あと何年（具体的には十数年）以内に破綻する可能性が高いとまで言えた。

それと、フリードマン論法で興味深かったのは、政府が政策で介入する必要性はわかるとしても、それを国営で行う必要はなく、民営でもできるというものだ。これは、我々にかなり役に立った。

たとえば、職業訓練である。本書第6章で述べられているように教育は外部効果があるため国が政策介入すべきとされている。職業訓練については物的投資と同じ人的投資であり、国が政策介入すべきでないものの、人的投資は資金調達にあたり資本市場が不完全なためにある程度の政策介入は正当化される。フリードマンからみれば、職業訓練で国営学校はあり得ない。また、民営の職業訓練学校に対して政府から補助金を出すことさえ、容認できない。せいぜい、人的投資への融資を公的機関から行うか、それとも民間金融機関へ融資斡旋を行うことが政策介入として容認されるだけだ。私もこの分析には異論がない。

日本の現状では、雇用・能力開発機構という国営機関が職業訓練を行っている。フリードマン基準からみれば、これは絶対に容認できないものだ。理想的には、雇用・能力開発機構を廃止または民営化し、政策介入は政策金融などで対応するのが筋であろう。そのために、郵政民営化と同時に行った政策金融改革では、スリム化し、民間金融ベースの新しい政策金融ができるようにしたのだ。ということで、雇用・能力開発機構を国営で行う必要はなく、廃止または民営化という提案を行った。本稿執筆時点（二〇〇八年一月）において、一年以内に存廃を検討することと閣議決定されている。

本書では、教育には外部性があり、子どもという責任能力のない人への温情的配慮という点で、政策介入の合理性が示されている。ここでのフリードマンの独創性はすばらしい。バウチャー制度だ。これは、政府による学校運営でも民間の学校への補助金でもなく、個人に対する補助金である。具体的には、子ども一人当たりの教育費に相当するクーポンを両親に配布するというのだ。これも経済諮問会議で提案したが、残念ながら実現しなかった。

バウチャー制度は、両親に学校を選択させるようにするので、両親にとっては朗報だ。政府にとっても、教育支出はほとんど変わらない（または若干効率化して減少する）ので、反対する理由はない。問題は、これまで公営の学校であったり、補助金を受けている学校の側にある。いわば、生徒からの選択にさらされるわけで、それが教育に市場原理を持ち込むといわれ、反対する理由となる。生徒から評価されない学校が困ることは、教育に不都合というわけだ。私は、教育バウチャーはいい制度であるので、いずれ導入されると思っている。

最後に、マクロ経済政策において、本書が指摘するルールによる財政・金融政策は、先進国ではフリードマンの主張した形のままではないものの、その思想はかなり浸透してきたといえる。特に、金融政策について本書で示されたフリードマンの見識は、経済学史の上でも特筆すべきものだ。それは、フリードマンの大恐慌の研究に由来している。

フリードマンは貨幣供給が過小になって物価の下落と生産水準の低下を招いたとして、F

RB（米連邦準備理事会）の金融政策の誤りが大恐慌の原因であったと主張した。それはフリードマンとアンナ・シュワルツとの共著『合衆国の貨幣史』でまとめられた研究成果によるものだ。生産、物価、貨幣量のすべてが強い相関を示し、大恐慌のときに低下し、その後回復したという事実はよく知られている。しかし、何が原因で何が結果であるかという因果関係が問題だった。かつては、フリードマンの主張に対して貨幣量の減少は実物経済活動の結果にすぎないという反論も数多くあった。ただし、現在ではやはりフリードマンが正しかったことがわかっている。

その証拠に、バーナンキFRB理事（現FRB議長）は、二〇〇二年のフリードマンの九〇歳の誕生日に、

「FRBの公式代表という私の立場を少しばかり乱用したいと存じます。ミルトンとアンナに申し上げます。大恐慌についてです。あなた方は正しい、われわれがこれを引き起こしたのであり、大変残念に思っております。しかし、お二人のおかげでわれわれは二度と同じあやまちは繰り返しません」

と述べている。

大恐慌研究から、中央銀行に裁量的な政策をやらせたらまずいということで、フリードマ

ンは金融政策のルール化を主張した。具体的には、通貨供給量について伸び率を決めるなどの一定のルールを提案した。本書では、インフレ目標政策は通貨供給量のルールに一歩劣るとされているが、それでも現在の日銀のような目標もない曖昧な裁量政策よりは格段にいいだろう。後年、フリードマンは、ルール化の一つの選択肢としてインフレ目標政策にも好意的な見方を示している。なにより、金融政策のマクロ経済への影響をいち早く主張し、その教えが流布したため、今では先進国でマクロ経済政策といえば、金融政策を意味することは常識になっている。これもフリードマンが与えた影響だと思う。

著者略歴

ミルトン・フリードマン（Milton Friedman）一九一二年～二〇〇六年。アメリカの経済学者。競争的市場を信奉するシカゴ学派の主要人物。一九七六年度ノーベル経済学賞受賞者。当初、その理論は主流派からは異端視されたが、変動相場制、税率区分の簡素化、政府機関の民営化といったフリードマンの政策提言は、いまや世界の常識となった。主な著書に『実証的経済学の方法と展開』、『消費の経済理論』、『合衆国の貨幣史』（アンナ・シュワルツとの共著）、『価格理論』、『選択の自由』（ローズ・フリードマンとの共著）。

訳者略歴

村井章子（むらい・あきこ）翻訳家。上智大学文学部卒業。訳書にジョン・スチュアート・ミル『ミル自伝』（みすず書房）、メーリング『金融工学者フィッシャー・ブラック』レビンソン『コンテナ物語』（以上、日経ＢＰ社）、バウワー『マッキンゼー 経営の本質』（ダイヤモンド社）ほか。

資本主義と自由

二〇〇八年四月一四日　第一版第一刷発行
二〇二五年七月二五日　第一版第一七刷発行

著　者　ミルトン・フリードマン
訳　者　村井章子
発行者　中川ヒロミ
発　行　日経BP社
発　売　日経BPマーケティング
〒一〇五-八三〇八
東京都港区虎ノ門四-三-一二
https://bookplus.nikkei.com/

装丁・造本設計　祖父江慎＋佐藤亜沙美（cozfish）
製　作　クニメディア株式会社
印刷・製本　中央精版印刷株式会社

ISBN978-4-8222-4641-9

本書に関するお問い合わせ、乱丁・落丁などのご連絡は左記にて承ります。
https://nkbp.jp/booksQA

『日経BPクラシックス』発刊にあたって

グローバル化、金融危機、新興国の台頭など、今日の世界にはこれまで通用してきた標準的な認識を揺がす出来事が次々と起っている。しかしそもそもそうした認識はなぜ標準として確立したのか、その源流を辿れば、それは古典に行き着く。古典自体は当時の新しい認識の結晶である。著者は新しい時代が生んだ新たな問題を先鋭に捉え、その問題の解決法を模索して古典を誕生させた。解決法が発見できたかどうかは重要ではない。重要なのは彼らの問題の捉え方が卓抜であったために、それに続く伝統が生まれたことである。

世界が変革に直面し、わが国の知的風土が衰亡の危機にある今、古典のもつ発見の精神は、われわれにとりますます大切である。もはや標準とされてきた認識をマニュアルによって学ぶだけでは変革についていけない。ハウツーものは「思考の枠組み（パラダイム）」の転換によってすぐ時代遅れになる。自ら問題を捉え、自ら解決を模索する者。答えを暗記するのではなく、答えを自分の頭で捻り出す者。古典は彼らに貴重なヒントを与えるだろう。新たな問題と格闘した精神の軌跡に触れることこそが、現在、真に求められているのである。

一般教養としての古典ではなく、現実の問題に直面し、その解決を求めるための武器としての古典。それを提供することが本シリーズの目的である。原文に忠実であろうとするあまり、心に迫るものがない無国籍の文体。過去の権威にすがり、何十年にもわたり改められることのなかった翻訳。それをわれわれは一掃しようと考える。著者の精神が直接訴えかけてくる瞬間を読者がページに感じ取られたとしたら、それはわれわれにとり無上の喜びである。